# イチからはじめる
# 医学部合格の勉強法

かいえん

# はじめに

この本では、一から始めて一年間で医学部に合格することを目標にし、勉強方法を中心とした説明を行っています。

私自身、中学卒業程度の学力から始め、一年間の再受験生活を経て、三重大学医学部医学科に合格しました。後で詳述しますが、堕落しきった、どうしようもない状態からのスタートでした。もちろん、何度も挫折しそうになりながらも、その都度、試行錯誤をし、自分を奮い立たせて一年間を乗り切り、合格に辿り着きました。

この経験から確信したことは、たとえどのような位置からのスタートであれ、折れない意志と実行が伴えば、医学部合格は必ず実現するということです。医学部はたしかに難関ではありますが、毎年数千人も合格者がいます。決して越えられない壁ではありません。問題は、一年間やり通せるか、ただそれだけです。才能や出身高校など関係ありません。現状の学力から尻込みしているかもしれませんが、現役で受かっている人も高校入学時は大学受験の知識ゼロからスタートしています。もし、今までさぼってしまったのであれば、単にスタートがちょっと遅れたに過ぎません。努力でなんとでもなります。

この本を取ってくださった皆さんは、医学部に合格する方法を模索していると思います。本書では、そのサポートを力強く行っていきます。この本が少しでも皆さんの合格に役立ったら幸いです。

もくじ

はじめに…3

第1章　中学時代～合格に至るまでの道のり～

◆自己紹介　10
◆中学時代―平凡な生活　11
◆高校時代　12
◆高校卒業後　20
◆一念発起、再受験準備開始　22
◆お試し受験、惨敗　25
◆再受験スタート　27
◆入試実況中継　33

もくじ

## 第2章　医学部受験に挑む上でのアドバイス


◇志望校の決め方　60
◇予備校に通うかどうか　63
◇環境作り　68
◇事前調査　69
◇理想的な年間計画　70
◇質か量か　72
◇一日のスケジュール　73
◇計画の立て方　74
◇勉強の仕方　76
◇模試と成績　78
◇復習こそが合格の鍵　80
◇睡眠の重要性　81
◇家族との関係　83
◇メンタル、モチベーション維持　85

◇多浪、仮面浪人、再受験　89
◇面接対策　92
◇多浪や再受験は合格できるのか　94
◇続けるべきか、やめるべきか　95

## 第3章　各科目の具体的な勉強方法

◇数学の勉強方法　100
◇物理の勉強方法　113
◇化学の勉強方法　126
◇英語の勉強方法　137
◇現代文の勉強方法　148
◇古文の勉強方法　152
◇漢文の勉強方法　158
◇社会の勉強方法　161

## 第4章　医学部の実態

◇有名高校、有名大学出身が非常に多い　168
◇親が医者の割合が多い　168
◇大半がアルバイトをしている　169
◇真面目な女子が多いが、男はそうでもない　170
◇生物選択は圧倒的アドバンテージ　171
◇大半が部活やサークルに入っている　171
◇お金はなんとかなる　172
◇車の所有率は高め　174
◇恋人は自動的にはできない　174
◇結婚や妊娠、出産をする学生がいる　175
◇医学部はひま　176

あとがき…182

# ◀第１章

# 中学時代

## 〜合格に至るまでの道のり〜

## 【自己紹介】

最初に自己紹介をしたいと思います。私は地方の公立高校を卒業しました。全く勉強しておらず、大学には学力的に進学不可能であったため、その後、数年間はアルバイトをしながら実家で自堕落に過ごしていました。ある日、将来に対する猛烈な不安に襲われ、考えに考えた結果、医学部再受験を決意しました。約一年間の受験勉強を経て、三重大学医学部医学科に入学し、今は学生として生活しています。

スタート時点の学力は本当に酷かったです。数学は微分と積分の違いがわからない、物理は力学の最初の三公式だけ知っている、化学は周期表はなんとなく見たことがある、英語は中学程度の単語と文章はわかる、といった惨状でした。いわゆる一からのスタートだったと思っています。模試だったら判定不能くらいの結果が来そうでした。そんな状態からでしたが、最後まで努力を続けて合格することができました。

私は再受験時代、非常に辛い思いを何度もしました。合格の保証は一切なく、先の見えない戦いに精神的にかなりやられました。そういったとき、私を勇気づけてくれたのは先人たちでした。受験分野に限らず、苦しい状況でも果敢に立ち向かう姿に何度も励まされました。本書では、私の酷い経歴なども詳細に記載します。これを見て、「こんな奴でもなんとかなったんだから、自分はできるに決まっている！」と思っていただけたら嬉しいです。

それでは、まずは、私が中学からどのように過ごし、どういった経緯で再受験を始め、合格まで至ったのかを記します。

## 【中学時代―平凡な生活】

私が通っていたのはごく普通の公立中学でしたが、かなり荒れている学校で、先生にも平気で殴りかかるような生徒すらいました。一度、上級生にひどくボコボコにされたこともあります。以後、変に目立つと不良の標的にされる恐怖から、極力目立たないようにしていました。ごく普通に授業を受け、部活動をし、帰ったら宿題を済ませて、あとはずっとゲームという生活でした。授業の内容はしっかり理解していましたが、このときは特に勉強に力を入れてはおらず、毎日夜のゲームが楽しみという感じでした。親がゲームの時間に厳しかったため、部屋でこっそりと夜な夜なゲームをしていました。

しかし、常に感じていたのは息苦しさです。荒れているが故に先生たちの締め付けも強く、言われたことを従順に守らなければならない毎日に嫌気がさしていました。

また、大学受験と違い、高校受験は内申点も大きく影響してしまいます。内申点欲しさにあからさまにごまをすり、いい子を演じる同級生に、なんともいえないモヤモヤしたものを感じたのを覚えています。

中学生活をそこそこ楽しみつつ卒業し、高校入試も無事に終え、春休みになりました。毎日ベッドに横になりながら考え事をする中、次第にこう思うようになります。

「高校は全く勉強せずに思い切り遊ぼう。」

このとき、私はなんともアホな考えを持ってしまいます。これが私の人生を大きく狂わせるとも気づかずに……。

## 【高校時代】

### ▼一年生　堕落が始まる

晴れて地方の公立高校に進学した私は、中学時代の念願であった自由な生活を満喫しました。学校自体も自由な校風で、先生もあまり干渉してきません。青春漫画によくありますが、授業をサボって校舎の屋上で昼寝をする、そんな自由な生活を妄想していました。今考えると、いくらなんでもアホすぎます。昔に戻れるなら、ぶん殴って正気に戻したいくらいです。

そんな考えでしたので、文字通り全く勉強しませんでした。授業中も全く授業を聞かず、小説や漫画を読んだり、絵を描いたり、こっそり授業を抜けて近くのイオンに映画を観に行ったり、自転車で河原を散歩したりと、気ままな生活を送っていました。これがある程度続くと、授業を聞かない↓勉強しない↓わからない↓やる気がなくなる↓授業を聞かない……と典型的な悪循環に陥るようになります。小遣いもたかが知れており、遊ぶといってもできることはかなり限られます。今思えば暇つぶし程度のことしかできなかったわけですが、当時の私はこれをかっこいいと思っていました。周りのやつはまじめに授業を聞いて勉強なんかしてる。だけど、自分は自由を謳歌している。完全にイタいやつでした。それでも気づけなかったのは自分がその程度の人間だったということだと思います。

全く勉強しませんから、当然、定期試験には合格できません。わずかに合格できたのは体育と家庭科、国語でした。あとは全て赤点で追試を受けるはめになります。追試の知らせはクラス全員の前で渡されるため、さすがにこのときばかりは顔から火が出るほど恥ずかしかったです。

しかし、怖いもので、この羞恥にも慣れてしまいます。最初はみんなに頭が悪いと思われたくないと感じていましたが、徐々に周りに〈赤点常習犯の勉強ができない生徒〉という認識が広まり、私自身それに慣れてしまいました。こうなるともうどうしようもなく、何個赤点を取ろうが、全く動じなくなります。あまりに見かねた担任の先生が私を更生させようとあれこれ努力してくださったのですが、完全に腐りきっていた私には何も効果がありませんでした。

これからしばらくして事件が起きます。定期試験の結果は個票で手渡されるのですが、これまた簡素なもので、パソコンに疎い人間でも容易に偽造が可能でした。この時点では二者面談の存在などつゆも知らないため、すぐに偽成績個票を作り、親に手渡しました。しかも、欲をかいてかなりいい成績にしてしまったのです……。

しかし、悪事はばれるもの。学年末には親と先生との二者面談が行われるという事実を知ります。心臓が止まるほど動揺し、なんとかあの手この手で親と先生の接触を阻止しようと試みますが、上手くいかず……。そして、いよいよ面談当日。この時点での私の実際の順位は学年全体のうち、下から数えて45番目というとんでもないものでした。親は上位三分の一に入っていると思い込んでいます。

「学校生活の話だけにしてくれ」

「頼むから成績の話はしないでくれ」

人生で一番祈ったかもしれません。しかし、祈りは空しく、先生は思いっきり洗いざらいしゃべってしまったようです。

面談が終わったと思われるころ、母から着信がありました。恐る恐る出てみると、

「あんた!! 何やってんの?! 先生、あんたが全然勉強せずに落ちこぼれてるって言ってたよ！

今まで全部嘘ついてたの？ こっちはあんたの成績表を信じて行ったのに、大恥かいちゃったよ！

どういうこと?!」

恐れていたことが現実になりました。普段はあまり怒らない母も、このときばかりは鬼のように大激怒していました。

「終わった……」

帰ってくるまでの数十分間で寿命が二、三年縮んだ気がします。そのあとは案の定こっぴどく叱られ、信頼を失うはめになりました。しかし、当時の私はそれでもなお勉強しようという気にはなりませんでした。人間、堕落してしまうと、とことんダメになってしまうのかもしれません……。

こんな感じで一年生が無事（？）に終わりました。

## ▼二年生　堕落は止まらない

二年生になりました。一通りの惨事は既に一年生のときに経験していたため、特筆するようなことがないのが残念ですが、成績の下降は止まる気配がありませんでした。それもそのはず、一年生はまだ内容も簡単で、中学の知識でなんとかなる部分もちょくちょくありました。しかし、二年生

ともなると内容も難しくなり、勉強しない人間にはほぼ全てがちんぷんかんぷんです。一年生のときには、まだ下に数十人もいると安心していたのですが、そろそろ底が見え始めました。しかも、一年生のときにはサボっていた人たちも危機感を覚えて勉強を始めたようで、あっという間に順位は下がりました。最終的には学年の下から5位という成績で二年生が終わります。先生や母はというと、このころには、もはや私の更生を諦めており、学年末の二者面談も話すことがないため、平穏に終わりました。ただ、このときの母の悲しそうな顔は今でも覚えています。

### ▼三年生　ついに最下層に到達

最終学年になりました。このころの私は完全なる無気力で、勉強をはじめとした嫌なことには極端に拒絶反応を起こしました。授業も全くわかりません。運が悪いことに、この時期は数学の授業が、生徒が予め問題を解いて解答を板書するという形式でした。しかも、先生は厳しい。私は当然解けないため、周りに協力を要請するわけですが、これが何度も続くと周りも私を煙たがるようになり、教えてくれなかったり、わざと意味不明な解答を教えたりと、対応も冷たくなりました。しかも、先生はそんな私を見逃してはくれません。クラス全員の前できつく叱られるのは、こんな私にもなかなかこたえました。こうなってはもはや勉強する気など完全に吹き飛びます。なんとかしようという気概は微塵も湧いてくれませんでした。

さて、成績はというと、完全に最下位になりました。最初見たとき、まだ自分よりも下が2人もいる！　と喜んだのですが、よくよく見ると全体の人数が中退によって入学時より2人減っていました。つまり、私は本当の最下位になってしまったわけです。赤点も全教科という、ある意味完璧な劣等生です。

ちなみにですが、これを読まれている方は、これだけ勉強せずになんで進級や卒業ができたんだ？と思われるかもしれませんね。私の学校は追試は本試験と全く同じ問題が出題されました。しかも、解答は答案返却時に配られます。これを暗記すれば満点が取れるため、私は毎回追試をクリアすることができました。数学など何をやっているかさっぱりでしたが、途中の計算式なども全て覚え、答えも完全に暗記していました。選択肢式の試験は開始数分で完了といった具合で、まさに何のための勉強なのか、という感じでした。

夏休みには、大手予備校主催の有名大学のオープン模試があり、私の高校はそれを受験するのが強制でした。もともとできる気はしませんでしたが、受験料や電車代に数千円払っているわけだし、一応解いてみようと思っていました。しかし、いざ始まってみると、見事に全くわかりませんでした。なんというか、学校の定期試験とはレベルが違う。本当に1問もわからない……。あまりのショックにやる気が完全に失せ、体調不良ということで帰ることにしました。ここまでわからないんじゃ、この先、自分が大学に受かるのは無理だな、と確信しました。

そして、しばらくして、またしても事件を起こしてしまいます。高校では劣等生で、何の取り柄もなかったため、なんとかして注目を集めたいと思ったわけです。そこで大がかりないたずらを実行したところ、偉い先生方の逆鱗に触れ、退学の危機に追い込まれました。当然、親にも連絡され、親子で謝罪にいったわけですが、なんと！　昔の担任であった先生が必死に庇ってくれました。しかも、最後には土下座まで。予想外すぎる出来事で驚いたと同時に、とんでもない罪悪感が芽生えました。自分はここまでしてくれる人を悲しませてきたんだ……。しかし、クズの自分はそれすらも数日で忘れてしまいました。

そんなこんなで日が過ぎ、センター試験も近くなりました。一応出願こそしましたが、今の実力でまともな大学に受かるはずがありません。現実逃避で学校をサボり、帰りに寄ったヤマダ電機でPS3と出会ってしまいます。運の悪いことに買えるだけの貯金があったため、購入してしまいました。ソフトは戦争ゲームでオンライン対戦もあったのですが、これにどハマりしてしまい、学校以外は寝る間も惜しんでゲームという生活に突入します。自室用のモニターも買ったため、朝8時出発、9時〜15時学校で睡眠、16時〜翌日7時までぶっ続けでゲームという究極のクズ生活でした。しかもセンターまであと少し。

もはや大学受験などどうでもよくなり、少しでもゲームをしていたい、そんな毎日でした。しかし、このときの超集中生活が、皮肉にも後の再受験で大いに役に立つようになるとは、このときは知る由もありませんでした。

センター試験本番。そもそも受かる見込みがないので全く緊張もしません。一応全部記入しましたが、わかるところだけ解いて、あとは勘というわけです。正直、このときのことはよく覚えていません。お昼にカレーパンを食べるとお腹が痛くなるという発見はありました。

さて、無事に2日間が終わり、自己採点です。時間だけは十分にあったので、名前や受験番号、何番にマークしたかなどは完璧でした。肝心の結果ですが……380点でした。900点満点でです。意外とできたな、というのが第一印象でした。ただ、さすがに恥ずかしすぎるので誰にも言えませんでしたが……。

卒業後、大学に行くつもりも合格可能性もありませんでしたが、とりあえず受験できそうな大学を探しました。この間も一日の大半はゲームをして過ごしています。結果として、その大学には合格しましたが、答案回収時にちらっと見えてしまった他の受験生の答案が自分のものよりも酷かったため、ここに行ってはいけないと本能的に感じ、入学はしませんでした。もともと、私の家族は裕福ではなく、私立大学はそもそもアウトでしたが、ここに行っては今よりもっとダメになると直感しました。ちなみに、家から近い国立大学も受験しましたが、当然不合格でした。

家族は私の将来を大いに心配していましたが、ああしろ、こうしろなどとは言いませんでした。当時はなんとも思いませんでしたが、今は、静かに見守ってくれたことに本当に感謝してもしきれません。
これで私の大学受験はいったん終わります。

## 【高校卒業後】

### ▼人生がわからなくなる

予想通り大学受験に失敗した私ですが、持ち前の楽観的な性格もあって、将来について何も心配しませんでした。家族は出て行けとも言わず、私を家に住ませてくれました。とりあえず衣食住は確保されましたが、私はやることがありません。そこで暇つぶしにアルバイトを始めることにしました。単に遊ぶお金が欲しかったからです。時給は１１００円とよく、週５でフルに入っていたため、初月から当時の自分としてはたくさんのお金を手にすることができました。これを最初は遊びに全て使いました。しかし、いつからか本を買うようになり、暇な時間は本を読むようになります。世の成功者の本などを好んで読み、「世界にはすごい人がいるなあ。」と一人で感心していました。他にも語学に関する本やサブカルチャーの本なども読み、「自分が知らないこんな世界があるんだなあ。」と興奮と嫉妬の気持ちが湧いてきました。しかし、今まで数年間怠けに怠けてきた性格がそうそう簡単に治るはずもなく、結局何も行動に移さないままでした。途中でお笑い芸人になろうとしてみたり、到底無理な夢の生活の妄想にふけったり、競馬やパチンコを真剣に研究するなどしているうちに数年が過ぎました。

そんなある日のことです。夜、いつものように寝ようとベッドに横になっていたとき、急に今までに感じたことのない猛烈な不安が襲ってきました。高校を卒業してから滅多に泣くことがなかった自分ですが、あまりの不安にぼろぼろと涙が止まりません。

「この先、いったい自分はどうなってしまうのか?」「こんな年齢で就職はできるのか?　食べていけないいんじゃないか。」「結婚して普通の幸せな家庭を持つことなんてできないいんじゃないか?」などと、今まで考えることを避けていたことが一気に押し寄せてきました。このままでは自分の人生は終わりだ、と心の底から絶望しました。その日は一睡もできず、心臓も爆発しそうに鼓動し、朝を迎えました。そこで気分転換に電車に乗って他県まで出かけ、道中で自分の将来について真剣に考えました。「どうすれば、今までのゴミのような人生を清算し、新しい、自分の望む人生を始められるか?」と真剣に何時間も考え、そこで出た答えが

『医者になろう』

でした。理想だけではなく、現実的な話、例えば年齢があまり影響しない、安定的に長く働ける、家族を養っていける、などさまざまな要素を考慮し、この答えに辿り着きました。こうしてようや

く、何年間も右肩下がりだった人生に転機が訪れたわけです。このとき、既に季節は肌寒くなっていました。

## 【一念発起、再受験準備開始】

### ▼まずは精神を

こうして一念発起し、医学部再受験が始まったわけですが、時間的にも今年の受験での合格が不可能なのは明白でした。しかも、精神的にも腐りきっていたため、勉強に対する拒否反応も凄まじかったです。このままでは勉強どころではないと感じ、今年度は雰囲気を味わうお試し受験に留め、来年度の合格に焦点を当て、まずは勉強できるような精神状態まで持っていこうと考えました。この状態から来年の合格を目指すのは図々しすぎる話でしたが、このときばかりは自分の楽観さに助けられました。

目標が決まったところで、まずは以下の4つを徹底しました。

1…規則正しい生活
2…毎日一定量の運動
3…勇気を蓄える
4…1教科だけ毎日勉強する

まず、1についてですが、当時の生活は不規則もいいところで毎日体が重いという状態でした。そこで、毎日同じ時間にしっかりと睡眠をとり、健康的な食事をこころがけ、とにかく毎日同じリズムの生活を送るように気をつけました。ただ、こういったことができたのもひとえに家族の協力があったからです。この恩は一生かけて返すつもりです。

次に2ですが、完全に運動不足に陥っており、少し運動するだけで疲れてしまうような惨状でした。今まで全く勉強してこなかった人間が短期間で医学部に合格しようとしているわけですから、尋常ではない勉強量が必要だというのはすぐにわかります。そこで、長時間の勉強に耐えるだけの体力をつけるべく、毎日1時間以上の運動を行いました。

3ですが、一番重要なことでした。今まで数年間、散々嫌なことから逃げてきたため、サーカスの象のように、私の心は何かに立ち向かうということができなくなっていました。勉強しようと思うと、思わず吐き気がしたり、頭痛が始まるほどでした。そこで、困難なことにも立ち向かえるようになるべく、訓練を開始しました。そこで非常に効果があった方法をお伝えします。

それは、まずは自分の大好きなことでなんらかの成果を出し、自信をつけるという方法です。このころはもうゲームをやることもあまりなく、何かに熱中するということを忘れた状態でした。昔の自分は睡眠や食事よりもゲームに没頭していたことを思い出し、まずは長時間集中しっぱなし状態を思い出すことにしました。ゲームは大好きなので、これはすぐにできました。少しマニアックになってしまいますが、このゲームには特殊な戦い方があり、ランキング上位の人々は例外なくこの技術を身につけていました。しかし、一朝一夕に習得できるものではないため、当時の私は普通の戦い方で戦っていました。故に、ある程度まで来ると限界が来てしまい、それ以上は伸び悩んでいました。

そこで、この技術をマスターしようと心に誓い、猛特訓を始めました。最初は全然うまくいかずにイライラしたり、落胆していましたが、2週間ほど毎日10時間以上練習した結果、徐々にできるようになり、1カ月を超えたころには見違えるような成長を遂げていました。ランキングも毎回上位に食い込むようになり、昔の自分がうそのような成長でした。このとき、ようやく「自分はやればできるんだ。」と心から確信することができました。これで戦う準備ができました。

最後に4ですが、もしかしたら「なんで今から全力で始めないんだ?」と思われるかもしれません。たしかに、勉強を始めるのは早ければ早いほど有利です。しかし、自分の集中力と精神的に、長期間の超集中は難しいと判断しました。そこで、大部分の時間を、来年度から超集中して勉強するための精神的、身体的準備に費やし、一番時間のかかる数学だけを毎日、超基礎から少しずつ勉強していくという戦略をとりました。

また、この間に一年間で確実に医学部に合格するための情報収集を徹底的に行いました。具体的には、エール出版の『私の医学部合格作戦』を大量に集め、インターネットの合格体験記や勉強法も参考にしつつ、戦略を練りました。その結果、合格には特別な勉強法や教材は一切必要なく、市販の問題集の独学で十分、というよりむしろ独学が最適であるという結論に至りました。

今思うと滑稽ですが、毎日イメージトレーニングを繰り返していました。このように過ごすうちに、日々合格への欲と勇気が積もり重なり、早く勉強を始めたくてたまらないという精神状態に自分を持っていくことができました。ただ、もし今もう一度やるのであれば、さっさと開始しますが……。

## 【お試し受験、惨敗】

そんなこんなでセンター試験本番になりました。勉強といえば数学だけ毎日少しずつやっていただけですから、当然できるはずもありません。ただ、闘志は燃えに燃えていて、武者震いしました。わからないなりにも制限時間いっぱいまで必死に考えました。結果は900点換算で500点をやや超えました。ビギナーズラックがあったかもしれませんね。ただ、この点数で医学部合格は不可能です。三重大学は前期に足切りを実施しておらず、今までの研究の結果、問題も標準的とのことで、お試し受験には最適ということで出願しました。

が、現実はそれほど甘くありません。もちろん合格可能性はほぼ0なので落胆するのもおかしい話ですが、やはり問題が全くわかりませんでした。物理や化学、英語の小問題はちょこちょこできましたが、数学はわずか20点ほどという悲惨な結果に終わりました。標準的と言われている大学なのに、です。

しかし、収穫もたくさんありました。本番の問題や用紙、雰囲気を知ることもできましたし、面接官の反応から、再受験生を嫌っているわけではないというのも感じられました。どんな経歴であれ、筆記でしっかり点数を取れば、公平な目で見てくれる、そんな印象を受けました。最初は名古屋市立大学と迷っていましたが、三重大学を受験しようと決定した大きな要因はこのお試し受験にあります。

結果としてはもちろん不合格でしたが、あと一年間、鬼のように勉強すればなんとかなりそうだと感じました。

## 【再受験スタート】

▼3月―5月末

全力での再受験がスタートしたのは前期の合格発表の日です。落ちることは当然わかっていたため、ネットで不合格を確認すると同時に猛勉強を開始しました。やる気はあふれるほどあったため、ロケットスタートを切り、その勢いのまま一気に実力をつけるという作戦です。ちなみに、この時点での実力は、

◎数学…教科書は完了
◎物理…力学の最初の公式3個だけ知っている
◎化学…周期表やその他の周辺知識は少し知っている
◎英語…『速単必修編』の単語がほとんどわからない
◎社会…センター試験用の参考書2冊を一通り読んだ
◎国語…1秒も勉強したことがない

という具合でした。

見てわかるように、ほぼ全教科が一からのスタートです。普通にやっていたのでは到底一年で合

格できるはずがありません。もう覚悟はできていました。そこで、まずは勉強する科目を絞り、寝る以外の一日の大半をひたすら勉強することに決めました。具体的には

★睡眠…3時間　★食事風呂その他諸々…2～3時間　★勉強…18～19時間

（数学…6時間／物理…3時間／化学…3時間／英語…3時間／復習…3時間）

でした。今まで毎日7、8時間寝ていたので、この時間では圧倒的に睡眠不足です。そこで、熱いシャワーや短時間でのキツめの運動を組み合わせることで、まずは頭をシャキッとさせました。加えて、失敗すれば人生終了と本気で思っていたため、プレッシャーも相まって脳は起床後すぐに覚醒しました。

しかし、いくら気合いがあっても、初日から計画通りにできるほど甘くはありません。実際は最初は10時間ほど無理やり勉強したら恐ろしいほどの拒否反応が出ました。それでも、受かるか人生終了の二択なので止めるという選択肢は頭に浮かびませんでした。毎日無理やり勉強し続け、およそ1カ月ほどで1日18～19時間集中して勉強できるようになりました。辛いことでも、無理やり続ければ慣れてしまいます。こうなると、それが日常になるので以前のような辛さはありません。一番大変なのは、慣れるまでそれを続けられるかどうかではないでしょうか？

さて、勉強する習慣がつき、毎日18、19時間コンスタントに勉強を続けたわけですが、それでも限界はあります。5月の模試はお金の無駄になると思い、受けませんでした。この時期の進捗は

◎数学…『黄チャート』３周
◎物理…『物理のエッセンス』（２冊）２周
◎化学…『岡野の化学が初歩からしっかり身につく』（理論化学①、無機化学＋有機化学①）３周、『大学受験Do』シリーズ（鎌田２冊、福間１冊）３周
◎英語…『速読英単語必修編』暗記完了、『安河内の新英語をはじめからていねいに』（２冊）４周

でした。復習が少なすぎると思われるかもしれません。これは失敗でした。復習するより、とにかく先に進むことが最重要だと思っていましたが、今ならスピードよりも定着を優先します。

この時期の収穫は、勉強する習慣がついただけでなく、やればやるほどやる気と勇気が湧いてきたことです。肉体的には疲れ切っていましたが、精神的には意欲満々でした。

## ▼６月—８月末

毎日のリズムは既に完全に確立されていました。あれだけ拒絶反応があった勉強ももはや生活の一部となり、毎日機械のように勉強をこなすような日々でした。ですので、以前のような勉強したくない自分との格闘はありませんでした。

この時期に今まで全くやらなかった国語や社会の勉強も開始しました。進捗としては

◎数学…『１対１』を２周、『新数学スタンダード演習』少々

◎物理…『物理のエッセンス』1周、『名問の森』2周
◎化学…『重要問題集』2周
◎英語…『やっておきたい英語長文300、500、700』、『英語長文レベル別問題集③、④、⑤』それぞれ7周、『速読英単語上級編』暗記完了
◎現代文…センター試験過去問掲載分全て1周
◎古文…『読んで見て覚える重要古文単語315』暗記完了、『富井の古典文法をはじめからていねいに』3周
◎漢文…『漢文句形とキーワード』3周
◎社会…『センター試験倫理の点数が面白いほどとれる本』、『政治・経済の点数が面白いほどとれる本』それぞれ1周

でした。8月に今年度初めての模試を受けました。心配していましたが、いい意味で裏切られ、成長が確認できました。反省点は多いものの、3月から始めたことを思えば十分な出来でした。

成績は順調に伸びていましたが、無理が祟り、この頃はずっと体調不良が続いていました。それでも、ランナーズハイのようになっていました。この模試で成果が確認できたため、以降は毎日6時間しっかり寝て、残りの時間で勉強というスタイルに変えることになります。

## ▼9月—11月末

しっかり寝たことで体調不良も治まり、再受験時代で一番平穏な時期でした。もはや勉強することが当たり前になっており、しないと気持ち悪いとさえ思いました。引き続き、淡々と勉強を継続しました。この時期の進捗は

◎数学…『1対1』を1周、『スタンダード演習』2冊2周
◎物理…『名問の森』1周目、赤本数冊
◎化学…『重要問題集』1周、『新演習』1周
◎英語…『やっておきたい英語長文1000』、『英語長文レベル別問題集⑥』それぞれ7周、センター試験過去問
◎現代文…センター試験過去問全て1周
◎古文…センター試験過去問全て
◎漢文…センター試験過去問全て
◎社会…センター試験過去問

この頃になると、猛勉強を始めて半年ほどが経過し、ついに目に見える形で劇的な成果が現れてきました。河合塾のマーク模試は本番より若干簡単ですが、9割を超え、記述模試でもA判定が出

ました。そして、医学部志望者にとって最後のボスの医進模試では、全志望者中1位になることができました。今までの努力が実ったことに思わず嬉し涙が出ました。それと同時に、このまま勉強すれば絶対に合格できると確信しました。

## ▼12月─センター試験前日

体調も万全、模試結果も良好であったため、これといって変わった出来事はありませんでした。センターが近づいてきたこともあり、勉強の大半はセンター対策でしたが、文系科目は早いうちから対策を始めていたこともあり、気持ちに余裕をもって勉強ができました。

ただ、絶対に油断はしない、と誓っていたため、勉強量はしっかりキープしました。物理や化学は既に完成気味であったため、多くの時間を苦手なセンター数学に割きました。ただ、センターの勉強だけでは2次力が鈍ると思い、2次の数学の勉強も並行してやりました。それに、万が一の事態に備え、高い数学力をつける狙いもありました。進捗は

◎数学…『医学部攻略の数学』2周＋センター試験過去問
◎物理…『標準問題精講』＋センター試験過去問
◎化学…『新演習』＋センター試験過去問
◎その他の教科…センター試験過去問

※記憶が曖昧だな、と感じたときは適宜参考書の復習も行いました。

▼センター試験後—２次試験前日

センターで目標点数を達成できたため、緊張しつつも穏やかに過ごしました。すぐに三重大学に出願しました。国語や社会など、センター試験だけの科目の勉強をする必要がなくなり、時間が大幅に増えたため、満足度の高い勉強期間でした。勉強時間は全く変えませんでしたが、質としては最高の状態であったと思います。面接に関しては、時間を作ってちょくちょく練習していました。

進捗は

◎数学…『医学部攻略の数学』１周＋赤本
◎物理…『標準問題精講』＋赤本
◎化学…『新演習』＋赤本
◎英語…長文教材全て＋単語帳全て＋赤本

【入試実況中継】

ここからは入試の実況中継をやります。未だに鮮明に覚えており、忘れないように記録してあります。臨場感をお伝えできればと思います。文体は簡潔にしました。

### ▼センター試験前日

会場は自宅から遠く、当日は雪が予想されたため、前日からホテルに宿泊することにした。この日は朝からひたすら社会の参考書を読んだ。午後7時ごろに自宅を出発し、約1時間で到着した。近くの吉野家で軽く夕食を済ませ、部屋に戻ってシャワーを浴びた。この時点で午後9時。十分な睡眠をとりたかったが、社会がなかなか終わらない。結局、深夜1時まで読み続けた。この一年間やり切った実感があり、不安はほとんどなかった。疲れていたためか、すぐに眠りに落ちた。

### ▼センター試験1日目

朝7時に起床した。すぐに朝食をとり、洗顔や歯磨きを済ませた。出発の準備は既にできており、そこから1時間半ほど社会の参考書を読み返した。自分の保管にも問題があったが、よれよれになった参考書を見て、この一年が感慨深く思い出された。同時に、今年は絶対に受かるという自信が湧いてきた。

予定の時間になった。車に乗り込み、会場に向かう。既に会場にはたくさんの高校生がおり、学校の先生らしき人が応援に来ている。対して、浪人生はだいぶ少ない印象。なんとなく場違いな感じがし、少し悲しくなった。教室に入ったが、私服の受験生は数えるほどだ。それでも気を取り直し、ギリギリまでひたすら読み続けた。

試験開始のチャイムが鳴った。最初の科目は社会。暗記は大の苦手だったが、なんとか覚えた。やることはやったから大丈夫だ。「変な問題が出ませんように。」と祈りながら、ページを開く。うん、これは行ける。今までの経験上、出だしがよいときは点数もいい。どんどん解き進めるが、とくに難しい問題もない。それに、昨日からの復習の成果がめちゃくちゃ出ている。次から次へと思い出せるぞ！　本文要約は面倒だから後回しにし、それ以外を解いていく。３問よくわからないが、とりあえず最後まで到達。本文要約に取り掛かる。選択肢は読んだだけでなんとなく正誤がわかる。「たぶんこれだろ。」と予想をつけ、本文に戻る。やはり読みは正しかった。要約問題は終了。

あとは問題の３問だけだ。もう一度丁寧に読み直す。が、やはりよくわからない。若干焦る。消去法に方針変更。これは正解だ。正しい選択肢はズバっと選べないが、他の選択肢はどれも明らかな間違いがある。正解はこれしかない。次に行く。しかし、これはよくわからない。消去法も使えない。３分くらい悩んだが、どうやら決定できそうにない。断片的な情報だが、一番ありえそうなものをマークする。いよいよ最後の問題だ。一見簡単そうだが、正解が絞れない。正解が複数ある気がする。うーん、わからん……。何度も選択肢を吟味するが、進展なし。頭を冷やすべく30秒ほど目を閉じた。そして、再開。『誤っているものを』という部分にようやく気づく。そりゃ、選べないわけだ。

これで全問題終了。この時点で残り15分あった。2回見直しをかける。ついでに受験番号などもしっかりチェック。感想としては多くても2問間違いで済みそうだ。「これは好調な出だしだ！」と嬉しくなった。社会終了。

昼休みになった。たった1科目済んだだけでもう昼休みである。模試、とくにマーク模試のときは日程がタイトで、休憩にトイレに行くだけでも急ぐ必要があったが、センター試験は本当にゆったりしている。次の科目は国語だが、とくに復習することもない。部屋が人の熱気でかなり暑くなっていたため、ささっと昼食を済ませ、気分転換に外に散歩に出かけた。気温は低かったが、心は闘志で燃えていた。

国語が始まった。解く順番は漢文→古文→評論→小説と決めていた。まずは漢文を見渡す。よし、たいして長くない。読解を開始した。しばらくして、どこかで聞いたことがあるような話だと気づく。もちろん先入観は間違いのもとだが、なんとなく展開が読めてしまう。予想通りの展開が続き、読解完了。「これはいける。」と直感した。順に問題を解いていくが、どれもありきたりなものばかり。誤選択肢もありきたりで、ひっかけも見え見えだった。とくに問題なく解け、10分ほどで終了した。これは満点だろう。

お次は古文だ。まずは本文を読解する。難しくはなく、だいたい理解できたが、ところどころうまく訳せない。まあいいか。問題に進む。傍線部訳や敬意の方向は簡単だ。心情説明もまあこれだろう。しかし、ここで詰まる。テンパってしまい、縁談の意味を忘れてしまう。強引な説明で正解（思い切り不正解だった）を選んだ。ここで若干調子を崩したが、その後はとくに問題なく進む。最後の正誤問題も選択肢を読んだだけで切れたり、該当部分前後に立ち返ることで正誤判定ができた。あの問題は怪しいが、まあ悪くはない。古文は17分で完了した。

さて、次は評論だ。ぱっと見た感じは難しくはなさそう。最初に各問題を確認する。問題のことを意識しつつ本文を読むように、というのはよくあるアドバイスだけど、自分にはこんな高度な芸は無理だ。読むのに精一杯で問題になんか構っていられない。本文を読み始めた。文章の難易度はセンターとしてはごく普通という感じだ。言いたいことはだいたいわかった。問題に進むが、いたって平凡な印象だ。しかし、すぐに正解を選べない問題がちらほらある。１問８点だから、ここでのミスは痛すぎる。不安になってきた。消去法を組み合わせながら、なんとか解答終了。考えすぎたせいか、評論には28分も使ってしまった。出来は怪しい。

いよいよ最後の小説だ。とりあえず本文を読んでいく。なぜか『火垂るの墓』の情景が頭に浮かぶ。そんなに複雑な文章ではなくて安心する。しかし、小説は国語の中で一番波のある科目だ。注意しながら問題を解いていく。幸い、最初のほうはスムーズに解けたが、途中で手が止まる。本文に何度も戻って考えるが、正解が選べない。どっちも正しい気がする。これは困った。仕方がないから本文を最初から丁寧に読み直した。さっきよりもかなり鮮明に情景が頭に浮かぶ。しかし、それでも選べない。しかも残り時間は10分を切っている。めちゃくちゃ焦り始めた。この問題は保留し、残りの問題を片付ける。あと7分。脳みそをフル回転させ、現古漢全ての不安な問題に再度取り組む。しかし、全く進展なし。「だから、縁談って何なんだよ！」と頭の中で怒る。そうこうしているうちに終了。回収の際に、自分が正しくマークしたのか自信がなくなり、一気に不安になった。

英語も復習することはないので、気分転換に再び外に散歩に出かけた。考えが悲観的になっていた。でも、今こそふんばり時だ。そう言い聞かせて、残りの科目に全力を注ごうと決心した。トイレの水がかなり冷たかったが、逆に気持ちが落ち着いた。

英語の筆記が始まった。英語はもともと得意で、いつも時間が余っていた。解く順番も順番通りと決めていた。まずは発音、アクセントだ。すぐに終わった。続いて、文法。これも問題ない。この時点で、普段よりもスムーズに解けていた。よし、この調子だ。語句整序と正しい文の作成は好きな問題だ。いつものように終わる。次は不要な文章を取り除く問題だが、これは緊張する。今までの経験から、すぐに選べる場合と、何分も考えてしまう場合があるからだ。幸い、今回はどれもすんなり選ぶことができた。次は全文を読んで、適切な文章を作る問題だ。会話文なので、文章自体が平易で読みやすい。意味もすぐにわかった。問題なく終了。

いよいよ第4問。この問題は一番嫌いで苦手な問題だ。文章自体が難しめで理解に時間がかかるからだ。今回は理解しやすい内容だったからラッキー。ただ、数字や国名がたくさん出てきて若干頭が混乱した。それでも、問題は単純であったため、いつもより早めの時間で解答完了。

次は広告みたいなやつから情報を読み取る問題。この問題は正直楽しい。いかに素早く情報を収集するかがカギである。散々練習したおかげで、情報の見つけ方には慣れていた。全部を読む必要はなく、先に問題を読み、読む必要がありそうな場所を勘で見当をつける。たいていそれで正解できるし、情報が足りなければ他の部分を読むだけでいい。今回もそんな感じで終了。

第5問だ。ここからは楽しみながら問題を解くことができるボーナスゾーン。一問一問の配点は高いけど、落ち着いて読めば間違えることは少ない。本文を読み進める。こういった問題はある程度読んでは問題に答えるという方法が効率的だ。全部読んでからでもいいけど、細かな内容は忘れてしまいやすい。うーん、いたって平凡だ。去年みたいに奇想天外な文章じゃないのはありがたいけど、少々退屈だ。英語表現の言い換えも今年は簡単で、文章を読むまでもない。10分くらいで終了。

最後の問題。最後のくせに、第4問のほうが文章が難しい。この問題もある程度読んでは解答するというのが効率的だ。しかも、ご丁寧に本文の該当箇所まで指示してくれている。一、二段落読んでは解答の繰り返し。最後に各段落の内容要約があるため、こちらも同時進行でやっていく。12分くらいで終了。これで問題は全て解き終えたが、まだ20分くらい残っていた。ざっと見直しをかけ、受験番号やマークの位置などを入念にチェックした。残念ながら数問怪しい問題が残ってしまったが、それ以外は自信がある。だいたい190前後だろうという印象。

これにて英語の筆記は終了。あとはリスニングだけだ。余裕が生まれていた。散歩は少しに留め、早めに教室に帰った。それにしても、高校生の話し声が気になった。見た感じ、教室の95％くらいは高校生だ。浪人生がアウェーなのは明白だった。自分も高校生のときは周りなど気にせずにやかましくしてしまった。今になってやっと反省した。

最後のリスニングが始まった。リスニングは得意だし、好きな科目だ。勉強を始めてからは毎日欠かさず聴いてきた。失敗することは考えにくく、このときも落ち着いて受けることができた。特筆するようなハプニングもなく、終了。しかし、何を思ったか晩御飯は何を食べようかと考え出してしまった。試験終了間際になってようやく見直しを開始したところ、マークミスに気付いた。死ぬほど焦ってマークを消し終えた時点で無情にも試験終了。不正行為になっては意味がないので、泣く泣く解答用紙を渡した。まさか、こんなところで失点するとは……。ただ、これは逆に2次試験で教訓となったのだけど。

これにて1日目は終了。この日は一日を振り返りながらデニーズで夕食を食べた。国語でやや失敗した気がしたけど、全体としては悪くない。死ぬほど自己採点したかったけど、これは御法度。我慢して、明日の準備をした。残った時間は復習に費やし、12時に就寝。

## ▼センター試験２日目

午前7時に起床した。今日は昨日よりも遅く試験が始まるから、時間的にはかなりゆとりがある。朝食と歯磨き、洗顔を済ませ、せっせと復習に取り掛かった。といっても、数学や物理の公式を復習したり、イオンの色や反応式など化学の暗記事項を見直しただけだけど。

10時にホテルを出発した。早めに会場に行って、気持ちを落ち着かせた。最初は数学だけど、数学は実は苦手な科目だ。データの分析は時間がかかるし、図形や数列はセンター特有の変な誘導にうまく乗る必要がある。確率も途中でミスると芋づる式に間違える。準備はたくさんしたけど、どうしても不安は払拭できなかった。

そうこうしているうちに数ＩＡが始まった。基本戦略は前から順番に、そして、詰まったらさっさと飛ばして次に、だ。いざ解き始めるが、緊張で手が震えて思うように計算が進まない。問題自体は簡単だが、いつも以上に時間がかかってしまう。それでもなんとか解き終え、データの分析に。前半は好調だったが、やはり後半はクセがある問題だった。とくに、最後のグラフは何をいっているのか意味不明だ。焦ったが、作戦通りに飛ばして次に進んだ。

ここからは確率だ。確率は問題によって難易度が大きく変化する。複雑な問題だと、途端にかかる時間が増加する。幸い、今回は普通の問題だった。模試のときのように順調に解き進めて無事完了。最後は図形問題。実は、勉強中に図形問題でやらかしたことがあり、それがトラウマになっていた。

だから、正直めちゃくちゃドキドキしていた。けれど、予想に反して問題は簡単だった。というか、すごく懐かしい感じがする問題だ。感慨深くなりながらも解答終了。これで全部の問題を解き終えたことになる。残り10分ほどあったため、先ほどのデータの分析の問題に再度挑戦するが、よくわからない。結局、どれだけ考えてもわからず、ざっと見直して終わった。思うようにできなかったけど、失敗というほどじゃない。気持ちを切り替えるべく、昼ご飯をすぐに済ませ、いつものように散歩に出かけた。20分くらい歩いたら頭がかなりスッキリした。

さて、次は数ⅡBだ。この科目は時間が厳しい。今までの経験から、数列がスムーズに解けるかがうまくいくためのカギだ。こちらも最初から順番に解いていく作戦。第1問は三角関数と指数対数だ。過去問や模試で何度もやったような問題で問題なく終了。続いて第2問の微積分。問題はいつも通りだが、なんだか文字が多い。まあいいか。こちらも普通に終了。この時点で、いつもより5分ほど時間が早い。「お、これはいけるんじゃないか?」と内心思う。

そして問題の第3問に突入。ここで恐れていた事態が起きる。⑴や⑵は問題なかったが、⑶で完全に詰まる。bnの奇妙な置き方の意図がわからない。こういう場合、強引に変形したり、後ろから逆算すればできることが多いけど、時間を食う。これはマズい……。冷や汗をかきつつ、ここはいったん保留し、第4問のベクトルへと進むことにした。ベクトルは年によって平面ベクトルか空間ベクトルかに分かれる。空間は一つ次元が増えるため、計算が煩雑になる傾向がある。今年は残念ながら空間ベクトルだった。ちくしょう！　ただ、問題自体はいたって平凡だ。ベクトルは計算に時間を取られがちだが、難問は出ない。落ち着いて取り組めば必ずできるというのはわかっていた。慎重に進みながら計算終了。

あとは数列を片付ければ完了だ。残り時間は10分ちょっと。先に受験番号やマーク間違いを確認し、再度数列に取り組む。頭が爆発しそうなほどに考えまくり、ようやく解法を思いつくも、少し解いてマークした段階で無念のタイムアップ。配点にもよるけど、９割前後、たぶん９割はない感じ。数学はどちらも成功はできなかった。しかも、周りでは簡単だったなどと話し合っている。「あれだけ勉強したのに。」と、自分の実力が恨めしくなった。ともあれ、失敗でもない。昨日も少なくとも失敗はしていない。しかも、第一志望の三重大学は理科の配点が高い。ここでできるだけ高得点を取れれば、有利に戦える。そう言い聞かせ、再度集中した。

理科が始まった。理科は物理↓化学という順番で解くことにしていた。理由としては、物理はけっこう考える必要があるからだ。化学はどちらかというと、あまり集中力がいらない。単調な計算か、単なる知識で片が付く。先に物理を集中して解き、残りの力で化学を解くという作戦だ。

まずは物理から。物理は正直、第1問が鬼門だと思っている。意表を突く問題が一番出やすい。ここで論理的ではなく、感覚で答えてしまうと高確率で間違える。一番慎重にならなければならない場所だ。幸い、今年は大丈夫だった。続いて第2問。ダイオードやホール、交流という言葉にビビるも、いたって簡単な問題だった。というか、考えることが楽しい。電磁誘導が続いたが、こちらもよくある問題だった。物理は過去問演習でも何度か満点を取ったことがあるが、共通していたのは出だしが好調だったことだ。今回は感覚が非常に似ている。

第3問は嫌いな波動だった。しかし、考えれば大丈夫な問題だったため、安心する。それよりも、挿絵が気になった。なんでセンター試験にはサザエさんの中島くんみたいな少年が登場するんだ？今時、絶対にいないような髪型に思わず一人で笑ってしまった。

第4問は力学の基本的な問題だった。『エッセンス』や『名問の森』で何度お世話になったことか。いつも通りに片付けて終了。

最後の大問に来た。ここは選択制で原子分野も選択できたが、迷わず熱力学を選択。原子分野はいまだに好きになれない。熱力学も問題はいたって平凡だった。こちらも瞬殺して終了。これで物理の問題は全て終わりだ。残り時間は15分。途中、手間取ってしまった問題が何個かあったが、全体としては非常にいい手ごたえだった。マークミスを確認し、見直しを始める。まずは絶対に正解だろうと確信できた問題を見直し、続いて、危険な問題を解き直す。一度解き終わると、焦りがなくなり冷静に考えられるようになる。ここで論理の誤りを発見し、修正。何度も落ち着いて考えたが、これで正解だろう。最終的に物理は全問に確信を持てた。満点だろう。

すぐに化学が始まった。化学は安定して高得点が狙える科目だ。基本的な知識と『重要問題集』

くらいの標準問題ができれば9割以上は確実だ。あとは些細なミスをしないようにすればいい。実際のところ、今年度は難しい問題はほとんどなかったと感じる。○倍するのを忘れたり、正しいものを選ぶのか、誤っているものを選ぶかなど、本当に基本的なことにさえ注意を払えばそれで十分だ。2日目の最後の科目ということもあり、頭はやや疲れていたが、それでも全てに自信をもって解答を終えることができた。見直しも2回通りし、満足いく出来だった。

これでセンター試験が終わった。全体の出来はまずまずといったところか。模試のようにタイトなスケジュールではなかったけれど、精神的に疲れ切ってしまった。医学部はセンター勝負なところがある。なんだかんだでセンターでしっかり得点できている人が合格する。この日はお腹が空いていたはずなのに、自分の得点が気になりすぎて一切食欲が湧かなかった。

そのまま家に帰宅した。解答速報は予備校側の準備ができ次第、順次発表される。解答ボタンが薄い色から濃い色（解答が発表された状態）に変わる瞬間というのは本当に心臓に悪い。本当に頭のいい受験生はそんなのへっちゃらなのかもしれないが、自分みたいな凡人にはセンターの自己採点ほど恐ろしいことはない。

夜10時ごろに自己採点をスタートした。採点した順番は覚えていないけれど、口から心臓が飛び出そうだったのは間違いない。結果は次の通りだ。

倫政94　国語164　英語188　リスニング42　数ⅠA84　数ⅡB88　物理100　化学100　900点換算で814

点であった。

やはり国語の現代文で大きく失点していた。数学も案の定9割に届かず。ただ、その他の教科、とくに理科が満点だったことでカバーできた。三重大学は理科の傾斜がそのままなため、さらに得点率は上がった。正直、一番心配していたのはセンター試験だった。2次試験よりも波があるテストだからだ。いろいろハプニングはあったが、当初の目標だった9割は達成することができた。あとは2次試験に向けて全力を尽くすだけだ。この日は精神的に疲労困憊で、採点後はホッとしたのか、すぐに眠ってしまった。

### ▼2次試験前日

当日に自宅から三重大学まで行くことはできないため、前日に津に行った。到着したのはお昼くらいだった。最初に三重大学の周りを歩いて回った。まさに大学という感じで、合格すればここで6年間過ごせると思うと胸が高鳴った。本当はもっと散策したかったが、直前の復習は効果絶大だ。散策なら合格した後にいくらでもできる。この日は早々にホテルに向かい、12時に就寝するまで、食事と風呂以外はひたすら復習を続けた。

### ▼2次試験1日目：筆記試験

朝6時に起きた。できるだけ復習したかったため、支度は30分程度で済ませた。赤本や問題集の間違えたところのみをやり直した。全部を解き直すことはできないから、要点だけを、思い出すようにやった。使い古した本を見ると、自然と勇気と自信が湧いてきた。

思えば、ちょうど一年前に受験したときは問題の意味すら全くわからなかった。それを思うと、この一年間で我ながらよく成長したと思う。生まれてから初めて自分の人生に真摯に向き合った期間であった。もちろん合格が目標だけれど、それ以上にこの一年間は自分の人生において大きな価値があった。

そうしているうちに出発の時間になった。ホテルからはすぐに大学に着いた。すでにたくさんの受験生がいるが、まだ中には入れない。というか、三重は意外に寒いぞ！　座る場所もないので、立ちながら復習を続けた。少ししたらようやく校舎内に入る許可が出た。センターと2次の受験票を見せ、中に入る。各教室は学部ごとの受験生しかいないため、自分の周りはみんな医学部志望者なわけだ。みんな頭が良さそうに見えた。でも、自分は実際に模試で一番を取った。だから負けるはずがない。すぐに戦闘モードに変わった。寒さで手がかじかんで参ったけど、体調と頭の具合はばっちりだ。いつでも来やがれ。

数学が始まった。２次の数学は全ての試験の中で最重要科目だと断言できる。一番差がつく場所で、自分の武器でもある。まずは全体を見渡す。解く順番も重要な戦略だからだ。①は簡単そうな三角関数の問題。②はあんまり好きなタイプではないけど、ちょっと実験すれば方針がわかりそう。③は、げ、最悪だ！　嫌いな複素数の問題じゃないか……。これは最後にしましょう。④は大好きな積分の問題。ちょっと見ただけで解法がわかる。解く順番は①→④→②→③に決まりだ。

まずは①から。『1対1』にあるような典型問題だ。範囲と境界の値の大小に注意してグラフを書けば終わり。両津勘吉の眉毛みたいなグラフに思わずにやり。

続いて、④に進む。ちょっと計算してみて微妙に予想と外れていたものの、やはり『1対1』にある部分積分の典型問題の派生型だ。⑴ができないことには⑵に進めない。逆に言えば、⑴ができれば⑵は楽勝。絶対値があるからちょっと面倒だけど。丁寧に計算し、不定積分を求める。『Cを積分定数とする』という決まり文句も添える。この問題も問題なく完了。

三番目はあまりやりたくない②だ。⑴は誰でもやったことがあるから楽勝。⑵は問題文から、典型的な余りの証明を要求されていると気づく。次に具体的な余りを求める。変な書き方だと感じたが、計算してみて納得。残るは⑶のみだ。文字ばかりで嫌気がさしてきた。こういうときは具体的に書いてみると理解が深まることが多い。思った通り、方針が浮かんできた。数え間違いに注意して解答終了。これで三完したことになる。しかも残り時間はまだまだたっぷりある。これは全完も狙えるかもしれない。複素数に若干の不安はあったが、構わずに攻める。

最後の問題の④に突入。⑴は超基本で余裕。⑵もやったことがある普通の問題だった。⑶の『すべて足し合わせた』という表現にビビる。なにか技巧的な工夫が必要なのか？　ともかく、解き進める。すると、単なる無限等比級数だと判明。これが全て足し合わせるという意味か。収束の公式を使って瞬殺。

なんと全完できてしまった。おそらく満点だ。赤本の演習でも全完はあまり経験がなかった。三完半を目指していたため、これにはびっくりした。同時に、合格がだいぶ近くに感じられた。全完はそうそういないはずだから、これでかなり優位な位置に行くことができた。

数学で全完できた嬉しさから、昼休みはいい気分で過ごせた。食べると腹痛になるカレーパンを買ってしまったのはアホだったけど、その日は不思議と大丈夫だった。大学の敷地内を散歩し、必ずここに来ると誓った。

理科が始まった。三重大学の理科はだいたい標準問題が多いが、たまに難問が混入しているときがある。しかも、今回はいきなり問題訂正が入った。なんで今の今になって訂正なんかするんだよ！若干イライラした。しっかりと訂正に目を通し、いざ解答スタート。順番はいつものように物理↓化学だ。まずは全体を見渡して解く順番を考える。①は少し複雑かな。②〜⑤は標準的だ。これなら順番に解いても問題ないだろう。最初から解くことにした。

①を解き始める。しかし、ある程度進むと、異変に気づいた。あれ、これかなり複雑だぞ……。難しくはないが、慎重に考える必要がある。これはマズい……。飛ばすか。

残りを保留して、急遽予定変更。まずは一番簡単そうな大問を解き切り、安心することに。これは③だろ。

③を解き始める。見た目通り、基本問題ばかり。数分で終了。

次に、⑤を解く。電気の問題で、『名問の森』でやったような問題だ。こちらも苦戦することなく10分程度で終了。

続いて、②だ。Δが目に入り、複雑なのかと身構える。が、実際は普通のことを聞かれているだけだった。問題文を読みつつ、適宜解いていく。10分程度で終了。ここでようやく安心する。この調子なら、最悪①ができなくても合格点は取れるだろう。

④に取り掛かる。文字が多用されていて、一見難しそうに見えたが、解いてみるとそうでもない。一般的なことを聞かれているだけだった。グラフは慎重に描いた。これで①以外は全て完了だ。残り時間は15分。

ついに①に戻ってきた。設定をよく読む。やはり、こいつは手強いぞ。慎重に考え、計算を進めて行く。こういうときに焦りは禁物だ。もしかしたら、うまい方法があるのかもしれないが、今は地道に攻めるのが最善策だ。結果、かなり手こずったが、なんとか時間以内に最後まで辿り着けた。ふぅ。残りはまだ数分あるが、正直、計算し直す余裕はない。物理の2次試験は、基本的に本格的な見直しの余裕はないと思った方がいい。だからこそ、一問一問を丁寧に解かなければいけない。

受験番号や記入間違いがないかをチェックし、物理の時間が終わった。９割はある。

続いて化学だ。三重大の化学は、以前難しい問題が出たことがあった。難しいというか、ある程度の応用力が試された。今回は大丈夫だろうかと全体をチェックする。あれ、今回は意外と簡単そうだぞ。とりあえずほっとする。解く順番も最初からで問題なさそうだ。

まずは①。結晶に関する問題だ。どれも基本問題だ。充填率は答えを覚えていたが、一応計算し、確かめる。というか、めちゃくちゃ簡単だな。
②に進む。同じく基本的な問題しかない。数分で終了。
お次は③だ。問題訂正を再度読む。さっきはイラついてしまったが、問題訂正様様かもしれない。計算が楽になったのだから。こちらも標準問題ばかりで難なく撃破。

さあ、④だ。大好きな有機化学の問題。またしても標準問題ばかりに、少しがっかりする。これじゃぁ、全く差がつかないよ……。記述模試より簡単かもしれない。普通に解答終了。

いよいよ最後の⑤に攻撃だ。といっても、これも全くラスボスではない。ポケモンでいえば野生のイシツブテくらい。問題なし。

これにて化学の解答は全て終了した。時間は15分くらい余っている。センター試験の教訓から、隈なく見直しをかける。受験番号もチェックした。完璧だ。満点だろう。

物理は若干怪しい箇所があるが、化学は完璧だと思う。これは上位合格も十分可能だぞ！　ますますやる気が湧いてきた。

最後の英語が始まった。正直、三重大学の英語には戦略はいらない。記述模試よりも簡単な英文が出題され、設問も単純。自由英作文もない。間違いなく受験生の大半が高得点を取るはずだ。ここで落としては致命的だが、普通にやればそんなことは起こりえない。予想通り平易な文章と設問が続いた。センターと2次併せて唯一、記憶が曖昧だ。たしか虫歯と睡眠と蜂の話があった気がする。いつも通りに終了。9割は確実だろう。

これで2次試験の筆記科目は全て終了だ。この時点で合格を確信した。間違いない。絶対にかなりの上位で合格だ。三重大学は多浪や再受験にかなり優しい。まともに答えれば、面接ではじかれることもない。受かった……。他の受験生が帰宅を始める中、トイレで一人静かに泣いた。まだ面接もあるし、合格が確定したわけでもないが、一年間努力し続け、クソみたいなところからここまで成長できたことがたまらなく嬉しかった。この日は奮発して鰻を食べてホテルに帰った。なんといってもまだ面接が残っている。帰ってからは3時間ほど面接の練習をし、早めに就寝した。

▼2次試験2日目：面接

朝7時に起床した。久々にぐっすり眠れた気がする。いつも通りささっと朝食と身支度を済ませ、面接の練習をした。いくら再受験に優しいとはいえ、突っ込まれることはほぼ間違いない。嘘でごまかすこともできるが、ここは正直に話すことに決めていた。その他はインターネットで調べた面接情報をもとに、返答の練習をした。

朝の9時に集合した。会場には若い子（自分も若いと言いたいが笑）が多かったが、予想以上に再受験らしき人も多い。自分の親くらいの年齢の人もちらほらいる。一体、この中の誰が合格して、誰と友達になるんだろう？　ワクワクしながら待っていた。

三重大学は、基本的に受験番号の若い人から先に面接が行われるが、番号の折り返しがあるため、一定の間隔で再び一番最初の面接グループに組み込まれる。私はかなり早いグループで、ゆっくり面接の練習をする時間もなかった。

※ちなみに、多くの大学では、面接待合室での電子機器の使用は禁止されている。スマホはもちろん、音楽を聴くなどもダメだ。おとなしく練習をするか、読書などをするしかない。寝てもいいが、スーツで狭い机に突っ伏して寝るのはなかなかしんどい。

さて、自分の番がやってきた。少し緊張してはいたが、合格を確信していたため、穏やかに振舞うことができた。ちなみに、面接時間は一人10〜15分程度で、二人の試験官に対し、一人の受験生である。私がされた質問は以下の通りである。

・なぜ医学部を目指したのか？

・なぜ三重大学を選んだのか？
・趣味はあるか？
・将来、どのような科に進みたいか？
・なぜ再受験をしようと思ったのか？

予想通りの質問に安心しつつも、真摯に答えた。再受験の理由を答えるにあたり、高校卒業からの経緯も詳しく説明した。悪い印象を持たれることを危惧していたが、予想に反して好反応だった。むしろ、褒めてもらえ、入学後の話にまでなった。この時点で本当に合格を確信した。これで落ちるはずがない。予想以上の手応えで面接を終え、帰路についた。時間がかなりあったため、今までの人生について振り返った。よくもまあ、これだけ堕落したと思った。高校からコツコツまじめに勉強していれば、一浪くらいで合格できたような気がする。そう考えると、若いときの数年間を棒に振ってしまったのは悔やんでも悔やみきれない。

しかし、この一年で得たことも本当に大きい。まず、自分と真摯に向かい合えた。今まで現実を見るのが怖くてずっと逃げていた。

次に、目標に向かってひたすら努力を続けられた。中途半端ではなく、全力で一年間走り続けた。今までに努力と呼べるようなことをしたことがなかったため、これは今後の人生に大いに役立つと信じている。

ずいぶん回り道をしてしまった。でも、これが自分の力量だと思う。貴重な何年間も無駄にしたし、家族にも大きな心配と迷惑をかけた。たぶん、ここまでしないと心の底からやる気になれなかったのだと思う。本当にどうしようもない人間だけど、今後はまじめに生きていこうと思っている。

## ▼合格発表

ついに合格発表の日がやってきた。この日は朝の8時ごろに起きた。後期は一応、山梨大学の医学部に出願していた。もちろん、前期試験が終わった後も勉強を続けてはいたけど、前期合格を確信していたため、どこか上の空というか、そわそわしていた。この期間は、試験が終わった安堵感と、合格かどうかわからないモヤモヤした気持ちが入り混じって過ごす羽目になり、精神的によろしくない。

発表は10時だ。しかし、受験生が確認に殺到するため、サーバー障害が高確率で起きる。だから、1時間後くらいに見るのがちょうどいい。この間は犬の散歩をしたりした。恋煩いかと思うほど心臓がドキドキし、居ても立ってもいられなかった。

そうこうしているうちに11時になってしまった。緊張は最高潮に達していた。

ところで、文字通りゼロから始めた再受験だけれど、一年で終わりにすると決めていた。今まで全く勉強してこなかったくせに図々しい計画だが、ダラダラ続けるのはよくないと考えた。それに、中学や高校の友達は働き始めている。この重圧というか、家族への申し訳なさはなかなかだ。妥協した進路なら、今更大学に行くというのは選択肢になかった。それならトラックの運転手だとか、すぐにでもお金を稼ぎ、自立することが大切だと思った。再受験を始めたときから、一年で合格するか、就職するかの二択だった。だからこそ、ここまで全力で取り組めたのかもしれない。

運命の時間だ。どう転ぼうと、既に覚悟はできている。合格発表サイトをクリックする。一回一回のクリックがここまで緊張するとは。いよいよ、あと1クリックで結果がわかる。周りでは家族が目を閉じて祈っているのが見えた。さて、行きますか。運命のクリック。

## 合格した

たしかに自分の受験番号がそこにはあった。何度も何度も確認した。間違いない。思わず叫んでしまった。念願の合格だ！　家族が集まってきて抱き合った。みんな泣いている。自分も自然と泣けてきた。

思えば、中学を卒業してから今に至るまで、家族には迷惑をかけっぱなしだった。こんなろくでもない息子に半ば愛想を尽かしていたかもしれないが、それでも今まで見捨てずに面倒を見てくれた。でも、家族が心から笑ったのをここ数年間見たことがない。それが今、ようやく叶った。努力が報われたこともちろんだけど、涙の理由はこれだったのかもしれない。

こうして、一年間に渡る医学部再受験は無事に終了した。この後は、大学に入学手続きに行ったり、アパートを探したりと、てんてこまいだった。でも、その忙しさも全てが楽しかった。その後のことは正直あまりよく覚えていない。なんだかんだやることがあった気がする。気がついたら４月になっていた。

◀第２章

# 医学部受験に挑む上での アドバイス

医学部受験を決意したのであれば、勉強はもちろん、それ以外にもやらなければならないことがたくさんあります。それに、精神的にも泣きたくなるようなことが何度もあるはずです。具体的な勉強方法は第3章に譲り、ここではそれ以外のさまざまな事項について、私自身の経験と知人らに教えてもらった内容をふまえ、話を進めて行きます。

## 【志望校の決め方】

志望校はできるだけ早いうちに決めるべきというのが個人的な意見です。基本的な勉強は同じであるため、勉強が終盤に差し掛かったときに実力を考えて志望校を決めるというのもたしかにアリだとは思いますが、最初に具体的なゴールを決めるかどうかは非常に大きいと思います。ゴールを決めることで、モチベーションも高まりますし、受かるためには具体的にどのようなことをいつまでにすればよいかが明白になります。

肝心な志望校の決め方ですが、大きく分けて3種類に分類できます。

①どうしても行きたい医学部

②一番簡単な医学部
③自分と相性のよい医学部

です。順に説明します。

①の場合は、何らかの理由で既にどうしても行きたい医学部がある場合です。キャンパスに惹かれた、有名な教授の授業を受けたい、将来の就職を考えて、など理由はいろいろ考えられますが、行きたい大学に行ければ学生生活も本当に楽しいものになります。

ただし、多くの場合、こういった魅力的な医学部は難易度が高いことが多いです。自分の実力不相応であれば、不合格の危険性があります。現在、現役もしくは一浪くらいであれば自分の目標に向かって突っ走るのもよいでしょう。しかし、多浪や再受験である場合、現実的に考える必要があります。ここの医学部でないと本当にダメなのかをよく考えてください。実力が優に合格できるまでに達せば、ぜひその医学部を受けるべきですが、医者になることが目的であれば次の②や③がより適切な志望校ではないでしょうか？

②の場合、文字通り入りやすい医学部を受けるということです。③もそうですが、今の制度や就職事情を考えれば、どこの医学部であろうと全く問題はありません。医師免許が取れれば地元に帰ってくることも容易です。多くの人が医師になることが第一目標なのではないでしょうか？　でした

ら、少しでも可能性の高い医学部を受験するというのが賢明だと思います。大手予備校が毎年偏差値別のランキングを発表しています。これを見て、少しでも易しい場所を狙うという方法です。

③ですが、②と似ているものの少し違います。各大学は入試に特徴があります。私の在籍している三重大学は非常に標準的な問題を出すことで有名です。正直、合格するのに発展的な学習は不要です。一方、例えばお隣の名古屋大学は、数学が非常に難しいです。難しい問題をじっくり考えるというような訓練を積んでいなければ、最悪白紙ということも十分あり得ます。

このように、一口に医学部といっても、入試のクセは千差万別です。②では偏差値を基準に簡単さを考えましたが、偏差値が低い＝自分にとって簡単とは言い切れません。なぜなら、同じ勉強をしても、人によって得意不得意が必ず出てきます。教科もそうですし、共通テストは大得意だが、2次試験は苦手であったり、逆に記述式は任せろ、といった場合など多様です。大学のクセと自分の特徴がピッタリ合ったとき、まさにそこが自分にとっての最適な受験校となります。少しでも合格しやすい医学部を選ぶためには、模試の判定や偏差値ランキングも重要ですが、自分との相性も慎重に考慮する必要があります。例えば、模試の判定はCでも、相性を考慮すればAということがよくあります。自分の特徴と赤本を徹底的に研究し、見極めてくださいね。

## 【予備校に通うかどうか】

勉強をする上で、独学か、予備校に通うかは非常に迷うかと思います。もちろんどちらにもメリットとデメリットがありますから、一概に断言することは難しいですが、私は独学を強くお勧めします。まずは独学と予備校のメリット、デメリットを挙げ、比較、検討したいと思います。

**●独学のメリット**

・無料
・どこでもできる
・時間が自由に使える
・自分のペースで勉強できる
・効率がよい

**●独学のデメリット**

・質問できない

・怠けがち
・ペース配分が難しい
・精神的に不安定になりやすい

●予備校のメリット
・プロの講師に教えてもらえる
・質問できる
・しっかりした年間計画
・精神的に安心しやすい
・ペースが一定

●予備校のデメリット
・高額な費用
・授業を受けないと解答がない
・必要な問題数をカバーできない
・自分のペースでは勉強できない

・ある程度の土台がないと授業がわからない
・効率が悪い

まずは独学から説明します。文字通り、自宅や図書館などで一人黙々と勉強するスタイルです。自分でやりますからお金は教材や模試、受験料くらいで済みます。どこでもできるし、一日の時間の使い方も全て自分で決められるため、自分に最適な学習をすることができます。また、年間の勉強ペースも自由なため、例えば最初の数か月は理系科目だけ勉強し、途中から文系科目も始めるといった変則的な勉強が可能です。そして、かなり大きな利点は、その効率のよさです。正直、予備校に比べ段違いに進みが速いです。無駄を省けるため、どんどんこなすことができます。

一方のデメリットは、まず、質問ができません。高校生は先生に質問ができますが、一般の宅浪では質問する相手がいません。

また、独学の大きなメリットである自由さは逆にデメリットでもあります。自由は裏を返せば、どれだけでも怠けることができてしまいます。ペース配分にしても、好きな科目だけ勉強したり、そもそも勉強しない日ができてしまうなど、ある程度強い意志がないとうまくいきません。加えて、独りで闘うため、孤独を感じやすく、スランプに陥ったときや入試本番が近づいてきたときなどは精神状態が不安定になりやすいです。

では、予備校はどうでしょうか？　予備校では各科目専門のプロの講師が丁寧に教えてくれます。理解もしやすいです。また、わからないところはすぐに質問し、解決することができます。年間計画も丹念に練られたものであり、合格までの道が最初から作られています。毎週同じ割合で授業があるため、一定の科目に勉強が偏ってしまう恐れもありません。周りには自分と同じ境遇の受験生がたくさんいるため、孤独を感じにくく、精神的に安定した日々を送りやすいです。

しかし、デメリットももちろんあります。まず、費用が高額です。授業料や通学費、夏期や冬期、直前講座などさまざまな費用を含めると年間で１００万円くらいになります。予備校の担任たちはもちろん塾生の味方ですが、同時にその予備校の社員でもあります。ですから、夏期講座などでは一定以上塾生に講座を取らせなければなりません。ですから、不安を煽り、必要以上に多くの講座を取らせる傾向があるようです。

※ちなみに、これらの短期講座は5回で1万５０００円前後かかります。費用対効果をしっかり考えた上で必要なものだけを取ってください。

そして、授業で使うテキストには問題しか書いてありません。解答解説もありません。自分で全て板書や解説を写す必要があります。つまり、１回でも授業を休んでしまえば、その回の解説は失われてしまうことになります。もちろん友人にノートをコピーさせてもらったり、自力で考えることもできますが、そもそもそれで理解できるのであれば、わざわざ授業に出席する意味がありません……。

自分のペースで勉強できないのも大問題です。ある時は特定の教科を短期集中で攻めたいときもあるでしょう。が、ガチガチにペース配分が固定されているため、不可能です。

そして、予備校の授業は、一から十まで教えてくれるわけではありません。そんなことをしていたら、とても授業時間内に終わりません。聞く限りでは、理系科目は教科書や参考書、初歩的な問題くらいは既に理解できている前提で授業が進むようです。

最後に、効率が非常に悪いです。予備校にもよりますが、数学なら1時間半で3～4問を解説するというのが一般的なようです。通常は予習と復習もセットになります。授業中は板書などをノートに写すのが忙しく、隅々まで考える余裕はありません。予習1時間、復習1時間と考えると、1問あたりにかける時間は約1時間となります。問題にもよりますが、独学ならば長くても30分ほどで完了します。

この効率の悪さ故に、受験に必要な典型問題を全てはカバーできません。講師によっては、数を絞って深く理解することが重要だ、それで応用も利く、と仰るようですが、私のような凡人にはそんな高度なことはできませんでした。しかも、試験時間は短いです。いちいち閃いている時間はありません。十分な数をこなし、その経験から解法を模索するのが賢明な戦い方だと思います。

以上、両者のメリット・デメリットを検証しました。これらを鑑みた上で、私は独学を強く勧めます。

まず、今この本を読んでくださっているということは、医学部合格に強い関心があり、勉強方法を模索しているのだと思います。そのような強い動機があれば、自分を律して勉強することは難しいことではありません。とくに、本書は一年間という短期間での医学部合格を企図しているため、ある程度以上の効率は不可欠です。現時点で全く勉強しておらず、文字通り一から始めて一年間での合格を目指す方には絶対に独学がお勧めです。

逆に、既にある程度勉強してあり、自分を引っ張って行ってくれる存在が欲しいという方には予備校が適していると思います。

## 【環境作り】

一年間高いモチベーションで戦い抜くには勉強する環境を整えることも非常に重要です。まずは自分が戦う主戦場を整備しましょう。場所はどこでも構いません。自宅、図書館、学校など、自分が最も集中できる場所を選びます。いずれにしても、勉強に必要のないものは一切排除します。スマホやパソコン、ゲーム機、漫画などです。スマホやパソコンは調べ物には最適ですが、最強の暇つぶしアイテムでもあります。わからないことがあったら、とりあえずメモだけして、あとでまとめて調べるなどし、勉強中は極力それらを使わないようにしましょう。とにかく、そこに座ったら頭が戦闘モードに切り替わるような環境を整えることが重要です。私は周りに人がいると集中できず、少し呟きながら読むのが好きなので、自宅で勉強していました。部屋には参考書や問題集だけ置いて、スマホなどは別の部屋に置いておきました。途中で仮眠をとるときはベッドで寝ました。

## 【事前調査】

残念な話ですが、いくつかの医学部には黒い噂もあり、それらの多くは事実です。具体的には多浪、再受験、女性差別や進級率のことです。東京医大の不正入試に始まり、いくつかの医学部が不公平な入試を行っていたというのは有名な話です。これら一連の事件を受けて、今はそのような不正が激減しましたが、それでも大学によっては多浪差別などが続いています。ほとんどの大学では面接があるため、ここで点数調整を行い、意図的に特定の受験生を落とすことは容易です。実際、「医師としての適正さに欠けていた。」などと言えば、正当な理由と認められてしまいます。

よって、自分が受験する大学が安全な大学であるかを事前に調査する必要があります。大学の入試資料から男女比を確認する、大学に電話で問い合わせて直接確認する、大学が近いのであれば、直接赴き、学生に入試時の様子や医学部の内情を教えてもらう、遠隔地であれば、ツイッターやフェイスブックなどのＳＮＳを活用して現医学生を見つけ、教えてもらう、インターネット上の医学部まとめサイトを参考にする、などの方法があります。とくに、多浪や再受験の場合は絶対に事前調査を行ってください。こんなしょうもない理由で落とされたのでは泣くに泣けません。

次に、これは受かってからのことです。医学部によっては鬼の進級難度を誇るところがあります。医学部に合格できればどんな酷い学生生活でも構わないという方は少ないでしょう。勉強もしつつ、学生生活も楽しみたい方が多数派のはずです。先ほどと同様の方法で必ず事前調査を行ってください。進級率でいえば、留年者が二桁の医学部は相当危険です。

## 【理想的な年間計画】

一年間で一から始めて医学部に合格するための理想的な年間計画を載せます。個人差があるため、この通りに進める必要はありませんが、私自身の経験と反省を踏まえたものがこちらです。

| 科目 | 4月 | 5月 | 6月 | 7月 | 8月 | 9月 | 10月 | 11月 | 12月 | 1月 | 2月 |
|---|---|---|---|---|---|---|---|---|---|---|---|
| 数学 | 教科書 | 黄チャート | | 1対1 | | 研究 | 新数学スタンダード演習 | | 共通テスト対策 | 赤本＋総復習 | |
| 物理 | | 物理のエッセンス | | 名問の森 | | 研究 | | | 共テ対策 | 赤本＋総復習 | |
| 化学 | | 岡野本 | 大学受験Do | 重要問題集 | | 研究 | 新演習 | | 共テ対策 | 赤本＋総復習 | |
| 英語 | 速単必修編 | 英文法 | ポレポレ | 長文問題集＋速読英熟語 | | 研究 | ネクステージ | 速単上級編 | 共通テスト対策 | 赤本＋総復習 | |
| リスニング | | 毎日コツコツ聴き続ける | | | | | | | | | |
| 現代文 | | | | 問題演習(1回目) | | 問題演習(2回目) | | | 問題演習(3回目) | | |
| 古文 | | | | 古文単語 | 古典文法 | 問題演習(1回目) | | 問題演習(2回目) | 問題演習(3回目) | | |
| 漢文 | | | | 句形とキーワード | 問題演習(1回目) | | 問題演習(2回目) | | 問題演習(3回目) | | |
| 社会 | 参考書をたまにパラパラ見ておく | | | 参考書を読むだけ | 本格的に暗記する | | 問題演習＋復習 | | | | |

## 【質か量か】

勉強の話題となると必ず議論されるのが質を取るか量を取るかということです。前者は「時間は短くても濃密な勉強が重要だ」という主張であり、後者は「できるだけ時間を割いてやるべき」という主張です。どちらの意見も納得できます。今までまともに勉強をしたことがない人が本格的に勉強を始めるにあたり、どちらを意識してやれば効果的なのか？　と疑問に感じるのは自然です。

結論から言って、『量をこなさないことには質などついてこない』と思っています。

まず、新しいことを勉強し始める場合、それに慣れる必要があります。しかし、最初のうちは全てが見慣れない風景であるため、何に注意してやればよいのか全くわからないはずです。数学の問題集だったら、問題文を精読するのか、ヒントを完全に理解するのか、自力で解く過程が大切なのか、はたまたスピード重視でも大丈夫なのか、などです。

本書では何に重きを置いて勉強を進めればよいかできるだけお伝えしますが、やはり言葉では伝えきれない部分があります。これに関しては、ある程度の期間、自分で勉強していく中で感じ取る以外に方法がありません。そのために、まずはできるだけ長時間その科目に取り組む必要があります。たくさん触れることで、何が重要なのかが自然とわかってきます。

ということで、まずは量です。ありったけの量をこなしてください。それを通して質を少しずつ向上させましょう。最終的には両方が伴った理想的な勉強ができるようになります。

## 【一日のスケジュール】

理想的な一日のスケジュールの一例を挙げます。何度も同じことを言ってしまい申し訳ありませんが、この本では一から始めて、一年間で医学部合格を目標としています。よって、時間的な余裕はあまりありません。覚悟を決めて、毎日長時間、地道にコツコツ勉強していく必要があります。もちろん最初から予定通りに勉強していくのは非常に難しいです。体がものすごい拒否反応を示すかもしれません。そこで、一カ月ほどかけて徐々に体を勉強に慣らすとよいと思います。まずは、現在の自分が一日にできる時間を知り、そこから1時間ずつ段階的に勉強時間を増やしていくと、比較的簡単に慣れることができます。

さて、肝心の一日のスケジュールですが、これも個人差が非常に大きいため、自身にピッタリのものを見つけてくださいね。

睡眠…7時間／食事風呂その他…4時間／勉強…13時間

勉強の配分ですが、これは自分に何が一番必要か分析し、調節してください。例えば、勉強初期のころは間違いなく数学に大部分の時間を割く必要があります。復習の時間も十分確保したいところですが、爆速で1周してしまい、まだ覚えているうちにすかさず2周目に突入するという方法もアリだと思います。

ただ、いずれの場合にも共通して言えるのは、一日最低13時間は勉強しましょう。できたら15時間くらいできると最高です。

## 【計画の立て方】

計画は多くの場合、予定より少ないことしかできません。とくに、慣れていないころは勉強自体の効率も悪いですし、長時間勉強することへの耐性もあまりないはずです。すると、やる気はあってもなかなかはかどらない、一日の最後のほうには疲れ果ててしまうといったことが起きます。そして、「今日もまたダメだった。」と自己嫌悪に陥ります。

しかし、計画通りにいかないのが普通です。やる気はあって、勉強しようと実際に行動しているわけですから、自分を責める必要は全くありません。これは勉強を続けることによって、徐々に達成率が上昇するのでご安心を。

では、どのくらいが最適でしょうか？　勉強を少しやってみると、この教科は1問もしくは1ページ済ますのにこれくらいかかる、というのがわかってくるはずです。まずはそれを基準に、分量を設定します。例えば、物理の大問1つ済ますのに30分かかるなら、2時間で4問、社会なら1ページ5分で1時間12ページといった設定をします。

ただし、注意しなければならないのは、厳密に計画を立ててしまわないことです。先ほども言いましたが、計画は多くの場合、悪い意味で狂います。分刻みのスケジュールを立ててしまうと、ある教科が数分延長しただけで、もう計画がおかしくなります。一日でこれだけの分量をこなす、もしくは午前中と午後でそれぞれこれだけやるといった具合に、ある程度おおまかな計画を立てましょう。

そして、最初のうちは計画の三分の一達成できたらまあまあ、半分ならバッチリ、7割できたら上出来くらいに思っておきましょう。やる気はあっても、なんだかんだでこれくらいの達成度になってしまいます。ただ、それも少しずつ上がっていくので、1、2カ月後に計画通りに事が済むようになっていれば完璧です。あまり最初から無理しないようにしてください。とりあえず時間を確保して、半分くらいできたら十分だ、くらいの気軽な感じで行きましょう。焦るあまりに現実とのギャップに苦しむのは精神的に悪影響があります。

## 【勉強の仕方】

勉強の仕方は十人十色なので、こうするのがよいと一概には言えません。書いて覚える人もいれば、読むだけで十分な人もいます。ユニークな勉強法が合っている人もいるかもしれません。

そこで、ここでは具体的な勉強法よりも注意点について説明します。

まず、あまりに集中しすぎないことです。集中というか緊張です。とくに、多浪や再受験の場合、人生がかかっています。チャレンジできるのが今年だけという場合もあるでしょう。それ故に、勉強する際にガチガチに緊張してしまうと、これは効率や理解を著しく低下させます。一生懸命やることと緊張することは違います。ある程度リラックスしていないと本来の力が発揮できません。

次に、1回で全てを理解しようとしている場合です。よほどの天才なら話は別ですが、普通は無理です。何回もやって腑に落ちるのが普通です。先ほどの話と似ていますが、1回目でできないからといって落ち込まないようにしてください。勉強は塗り絵に近いイメージです。最初は粗く全体を塗ります。2回目にはまだ塗れていない部分を中心に塗ります。3回目、4回目とその作業の繰り返しです。最終的に全体がしっかり塗られていればいいのであって、何も、1回で完璧を目指す必要はどこにもありませんよ。わからなければさっさと飛ばす勇気も非常に大切です。

そして、わかったつもりで終わらせては絶対にダメです。今までの勉強が水の泡になります。これは理系科目、とくに数学に顕著なことですが、『わかったつもり』と『実際に解ける』には大きな隔たりがあります。解説を読み、「なるほど！」と理解した気になることは非常によくあります。おそらく、その時点では、なぜその解説がなされているのかは理解できたはずです。しかし、問題集を閉じて、いざ自力でやってみると途中で詰まってしまう。このギャップが皆さんの成績向上を阻害します。勉強したというのは、自力で解き切れるようになって初めて言えることです。必ずこの段階までやり切りましょう。

さて、暗記系科目の注意点は何でしょうか？　それは、『覚えたつもり』になってしまうことです。一つは暗記が浅いということです。英単語なら、ある単語を見てすぐに意味が頭に浮かぶようでなければ覚えたとは言えません。もう一つは場所で覚えてしまっているということです。例えば社会。参考書の該当ページを開くと、すぐに内容が思い出せるのに、模試などで関連事項を聞かれても正確に思い出せないという経験はないでしょうか？　これは、その事項が書いてある場所とセットで記憶、もしくは記憶したつもりになっています。

例として歌うことをイメージしてほしいのですが、曲のある一部だけはすぐに思い出せないのに、最初から歌うと思い出せるという経験はないでしょうか？　これがまさにそれです。暗記事項はその場でとっさに頭から取り出せなければ使えない知識と同じです。

では、解決法を説明します。英単語など、たくさん覚えることがある場合、単語カードを作ります。まずは何回も読み、覚えます。それでもどうしても覚えられない部分だけ単語カードを作ります。一つの単語につき、複数作るのもアリです。単語カードなんて面倒だ、と思うかもしれませんが、さっさと作ってしまうほうが結果的に早く済みます。

それから、より実践的な記憶にするには実戦が非常に有効です。全ては不可能ですが、できるだけたくさんの英文を読むなど、実戦の場を増やしてください。古文や社会なども同じで、たくさんの問題を解いているうちに、今までの知識が実践的な記憶として定着します。こうなると、いかなる場合でも瞬時に取り出せるようになります。

## 【模試と成績】

模試は、現時点での実力を知るための重要な指標であり、受験校決定の際の大きな要因となります。ただし、模試にも欠点があるため、うまく利用して正しい判断をしましょう。

まずは、模試の性格を説明します。

・実力を測る試験で、落とす試験ではない
・突拍子もない問題はまれ
・毎年問題の傾向が似ている
・典型的な問題が多い
・合格可能性は得点や偏差値で判断される
・偏差値が高く出やすい

という特徴があります。以上のことから二点言えることがあります。

まず、できないとまずいが、できても安心はできない、ということです。予備校は受験生をふるいにかけたいわけではありません。よって、しっかり勉強していれば高得点、高偏差値になりやすいです。とくに、記述式は普遍的な内容、難易度になっています。つまり、通常の2次試験よりも点数が取りやすいため、できても油断はできません。ただし、できないのはまずいです。典型問題すら身になっていないということなので、至急、処置する必要があります。

次に、模試の合格判定はあまり信用すべきではないということです。判定はあくまで機械的にされます。実際は、自分と入試問題の相性がよければ、合格可能性は急増します。

模試で見るべき場所は得点率です。高得点できているかが重要です。あとは、自分の得意不得意と入試問題のクセをしっかり考慮し、最終的な判断をしてください。安易に判定だけで選ばないように。A判定でも2次試験で全くできないなんてことはざらにあります。

## 【復習こそが合格の鍵】

復習こそが合格するために最も重要な要素であると断言できます。私自身、復習が大嫌いでしばらくの間、全く復習をしませんでした。しなければならないのはわかっていましたが、どうしても復習する気になれず、日にちが過ぎていきました。そしてある日、重い腰を上げて復習に取り組んだところ、見事に忘れていて絶望しました。さすがにまずいと感じましたが、悪いクセはそうそうすぐに治るものではなく、その後も2カ月ほどあまり復習しない日々が続きました。

どうしてそれほど復習の重要性を強調するのかというと、復習不足のせいで成績の伸びがかなり遅れたからです。再受験の身で死ぬほど焦っていたため、前に進む＝善、復習＝悪のように考えていました。少しでも前進しなければ合格できないと勘違いしていました。

しかし、実際は逆です。もちろん前進することは大切ですが、一番重要なことは習得することです。身についていなかったら、何も意味がありません。普通の人は驚くほど忘れます。復習を怠り、新しいことばかり勉強していると、どんどん忘れていきます。そして、復習しなければならない量もどんどん増えるため、ますます復習したくなくなります。

では、どうするのが近道でしょうか？　それは、すぐに復習しまくることです。「これは復習しすぎじゃないか?!」と感じるくらいで丁度いいでしょう。それくらいやらないと、新たに学んだことは定着しません。

もちろん、復習に多くの時間をかけるわけですから、一日に進む距離は短くなります。とくに、焦っている方は不安を感じるはずです。こんなペースで大丈夫か、と。

でも、安心してください!!　受験勉強が一日だけの短距離走であれば、復習ゼロでできるだけ新しいことをやったほうが得点力は上がります。しかし、受験は一年間という長距離走です。復習を怠り、再び一からやり直すより、亀のように地道に進むほうが結果的には高い位置に辿り着けます。最終到達地点こそ重要だというのを忘れないでくださいね。

## 【睡眠の重要性】

皆さん、睡眠をしっかりとっていますか？　もしそうでなければ、一刻も早く十分な睡眠をとるように生活を改めましょう。睡眠は健康に生活するのに本当に重要です。とくに、脳を積極的に使う勉強には十分な睡眠が不可欠です。

私は本当に失敗しました。とにかくたくさん勉強しなければ落ちると思っていたため、睡眠時間を削り、ひたすら勉強していました。3月に本格的に勉強を始めてから半年間は毎日3時間睡眠でひたすら勉強していました。頭がしっかり働くように工夫していましたが、体によいはずがなく、常に体がなんとなく重い、だるい、耳鳴りがするなどの症状に悩まされました。半年経った時点で成績も安定してきたため、睡眠を6時間に増やしたところ、今までが嘘のように不調が消えました。朝起きれば体は軽いし、頭はスッキリ。朝食を食べて歯磨き洗顔を済ませれば、快調に一日が始められました。集中力も違いました。何より、起きていることに力を使う必要がありません。

睡眠不足は本当に人をダメにします。健康面であったり、学習能力であったりと、その弊害は計り知れません。

勉強時間を捻出するのに睡眠を削るのは手っ取り早い方法です。簡単に数時間増やせます。でも、その前によく考えてほしいです。その数時間を本当に有効に活用できているかを。しっかり寝て、残りの時間で集中してやったほうが結果的な学習量、効果は高いと断言できます。焦るのであれば、睡眠以外の時間で急ぎましょう。

## 【家族との関係】

これはとくに、多浪や再受験の場合です。十分な蓄えがあり、自分一人で受験や合格後の生活費や学費をなんとかできるのであれば問題ありませんが、少なからず家族にサポートしてもらうはずです。となると、家族との相談は避けて通れないでしょう。

しかし、これが大変です。すごく理解があり、好きなようにしなさいと言ってくれる家族であれば、何も問題はないのですが（もちろん感謝を忘れてはダメですよ！）、大半はそうではないはずです。まず間違いなく、あれこれと口を挟んできます。勉強時間のことであったり、生活習慣、模試の成績、受験校、落ちた場合どうするか、などさまざまですが、多くが自分にとっては耳が痛い話です。

ただ、家族の立場になってみれば、子供のことを心配するのは当たり前で、それが少々行き過ぎるあまりに衝突するのだと思います。どちらが悪いということではありません。

さて、肝心な対処方法ですが、重要なのは、態度と結果で示すことです。勉強時間を指摘されたのであれば、逆に家族が心配するくらい一生懸命に勉強しましょう。生活習慣が乱れているのであれば、すぐに規則正しく改めましょう。模試の成績が悪ければ、次の模試で何が何でもよい成績を取って、安心させましょう。目に見える結果は効果絶大です。

これに少し関わるのがどこを受けるかという問題です。受験校の決定は本当に大切ですから、仮に自分の希望の大学を反対された場合、明確な理由を説明して家族を説得する必要があります。例えば、模試の判定的には微妙でも、過去問との相性が非常にいい場合など、しっかりそれを説明して納得してもらう必要があります。

ただ、落ちた場合の話は厄介です。なぜなら、合格する保証などどこにもないからです。いくら猛勉強し、模試でよい成績を取り続けていたとしても、それは合格の可能性が高いだけであって、確実ではないからです。

そもそも、家族に勉強させてもらえることは本当にありがたいことで、決して当たり前ではありません。それに、多浪や再受験の場合、今までの自分の選択によってこのような状態になっているわけです。だから、仮に落ちてしまった場合、自分で責任を取らなければなりません。援助が打ち切られてしまうかもしれません。大学に行けないまま働くことになるかもしれません。私は失敗したら、大学には行かずにトラック運転手として働くと約束してありました。そういったことも考えた上で、それでも医学部受験をするのであれば、しっかり伝えましょう。逆に、それだけの覚悟があれば最後までやり切れます。

## 【メンタル、モチベーション維持】

受験勉強の中で避けて通れないのが精神状態の維持です。とくに、多浪や再受験など、紆余曲折がある場合は悲観的になりがちです。ちょっと問題がわからないだけで気持ちが沈んだり、模試で結果が悪いと「もうダメだ」と思ってしまうなど。モチベーションにしても、やる気があるときはいいものの、ないときには丸一日勉強しないなど。

一年間でしっかり合格するための要素は、実際に勉強するのが半分、精神的な部分が半分くらいを占めています。ですから、気持ちを強く持つというのは非常に大切です。合格は気から、と言えます。

そこで、これら精神面の管理について、アドバイスを書きます。

まず、精神状態から。精神状態はモチベーションとも密接に関わっており、いい精神状態をキープできればやる気を維持しやすいです。しかし、受験勉強のような高ストレスの作業では浮き沈みが必ず発生します。

そこで、まずは勉強する時間をできるだけ明るいうちに固定します。具体的には、朝の6時〜夜6時くらいを主な勉強時間にします。夜の方が静かで集中できるという意見もあります。これには賛成ですが、受験勉強はとにかくネガティブ思考になりがちです。真っ暗で静かというのは、ネガティブを増長します。逆に、周りが明るく、人の活気を感じる時間帯はそうなりにくいです。なんというか、周りから勇気をもらえます。明るい日中を戦う時間にしましょう。もちろん、これだけでは勉強時間が不足しますから、夜の時間に復習を中心として勉強してください。復習は一度やったことなので、わからない問題に遭遇する危険もなく、夜でも安心して勉強できます。

次に、睡眠のリラックス効果を活用しましょう。ぐっすり眠って朝起きたとき、頭がめちゃくちゃスッキリしていますよね。同時に、ストレスもなくなっていませんか？　前日の夜はストレスや不安でいっぱいだった心が、朝はスッキリしていないでしょうか。朝起きてすぐは頭も心もスッキリしています。できるだけ早く支度を済ませ勉強に取り掛かるのが、好調なスタートを切るポイントです。

よく、勉強計画などを考えるのが大好きな人がいます。たしかに考えることは重要です。しかし、こういうことを考えていると朝の活力がみるみる失われていきます。頭は冴える一方でやる気がどんどん消えていきます。1時間も考えたら、勉強に取り掛かるのも億劫になってしまいます。

勉強は飛行機に似ています。飛行機は離陸時に最も燃料を消費します。しかし、一度飛び立ってしまえば、あとは高度を維持するのにそれほど燃料は必要ありません。勉強も同じで、始めるときが一番苦痛です。しかし、一度始めてしまえば、続けるのは楽です。それから、余計なことを考えると気持ちに浮き沈みが現れます。深いことを考えずに、ささっと勉強に取り掛かってしまうのが賢明です。その最初の壁を突破するのに、朝起きたばかりのときの活力は最適です。『起きたらすぐ勉強』を習慣にしましょう。次の日の計画は前日の夜に決めてから寝るのがベストです。

さて、次はモチベーションです。でも、待ってください。モチベーションって、自分でどうこうできるものなんでしょうか？　たしかに、何かに感化され、猛烈に意欲が湧いてくることはありますよね。でも、毎日こんなことが起きるはずもありません。感動的な映画を観るとかすれば可能かもしれませんが、時間がかかりすぎで現実的ではありません。

では、どうするかというと、モチベーションと勉強を切り離します。モチベーションがあるから勉強する、ないからしないといのはちょっと変です。皆さんは医学部に合格したいという強い願望が既にあるはずです。今年、絶対に合格すると決心したはずです。だから勉強するわけです。モチベーション云々は関係ありません。決めたから勉強するのであって、それ以外に理由はないです。モチだから、毎日淡々と勉強してください。モチベーションが高い日もとくに頑張る必要はありません。重要なことは毎日同じ効率で勉強をこなすことです。機械のように、無感情でやるべきことをこなしてください。

多くの受験生が嫌なことから逃げてしまいます。ですから、極端な話、勉強を続けるだけで圧倒的に優位に立てます。毎日10時間の勉強を続けられる受験生は多くありません。多少効率が落ちようが、続けることは最強です。そして、続けているうちに嫌なことさえも習慣になります。1カ月もすれば、あまり苦痛でなくなります。こうなると、勝ったも同然です。

どうしても難しいという場合、1回の勉強時間を長くして、勉強と勉強の間で頭を完全にリフレッシュするようにしてください。例えば、一日12時間勉強するなら、4時間×3回に分割します。始める瞬間が一番苦痛なので、分割は少ないほうがいいです。一度勉強を始めたら4時間やり切り、そこで一気に休憩します。頭をリフレッシュするには、なにも純粋な休憩でなくても大丈夫です。食事であったり、散歩、歯磨き、風呂など、とにかく勉強のことを一切考えないで済む時間であればなんでもOKです。最初の4時間は朝の活力で乗り切り、次の4時間は昼ご飯、昼寝、散歩でリフレッシュして乗り切り、最後の4時間は夕食や風呂、運動などで頭と心を回復させて乗り切る感じです。

ただ、リフレッシュは基本的になんでも大丈夫ですが、ゲームはやめた方がいい気がします。特にオンラインゲーム。終わりがありませんし、負けるとすごくストレスが溜まります。頭と心の休憩には、ストレスがかからないものをお勧めします。

## 【多浪、仮面浪人、再受験】

まずは多浪から。多浪とは複数年浪人している場合です。一般的に、多浪は合格しにくいと言われています。その理由は、本人にあることが多い気がします。というのも、医学部に合格するにはたしかに結構な勉強量は必要ですが、何年もかかるほど膨大なものではありません。めちゃくちゃ真剣にやって1年、ある程度真剣にやって2年もあれば十分です。なんらかのトラブルに見舞われたとしても、３年間もあれば絶対に完了しますし、合格できます。

多浪の人は一度、現時点での成績と、何をどれだけ勉強してきたのか、一日をどのように過ごしているかを分析してみてください。おそらく、一日に3、4時間くらいしか勉強していないのではないでしょうか。あとは復習を怠っていたり、苦手なことから逃げている、去年なぜ失敗したのかしっかり分析していないなどはないでしょうか？　人間はどんどん忘れてしまいますから、ある程度駆け足で勉強していかないと、いつまで経っても終わりません。それに、何年間もやる気を維持するのは非常に困難です。必ずこの一年で決めると決心し、猛烈にやる以外に多浪から抜け出す方法はありません。

次に、仮面浪人について。仮面浪人とは、他大学に通って単位を取りつつ、受験勉強も並行し、合格を目指すことです。単位も取っているため、落ちた場合も進級できます。

また、働きながらの再受験もこれに近い形態です。忙しさや時期に違いはありますが、どちらも勉強時間がかなり限られます。

正直、こういった勉強方法はお勧めできません。理由はもちろん、勉強時間が圧倒的に足りないからです。大学生は長期休暇があったり、授業が少なかったりとまだマシですが、学年が上がるにつれ専門性も増し、大学に割かなければいけない時間も増えます。極めつけは定期試験の時期が大学入試の時期と被っていることです。一番大事な時期にしたくもない勉強にかなりの時間を奪われるというのはすさまじいストレスです。仮面浪人で医学部に合格した知り合いがいますが、時間が思うようにとれず、ストレスで発狂しそうだった、と言っていました。ちなみに、彼は結構な土台があった上での仮面浪人でした。

フルタイムで働きながらの医学部受験も相当厳しいものがあります。過去に難関大などを卒業しており、受験の基礎がある場合は別ですが、これから一から医学部受験を目指す場合、かなり不利な状況での勉強となります。先ほども書きましたが、医学部受験はある程度の勢いが必要です。一日5時間を2年間と、一日10時間を1年間では、後者の方が圧倒的に合格しやすいです。数学など、毎日ちょっとずつではなかなか身につかないです。それに、最後の追い込みができないのは本当に辛いです。精神論的ですが、追い込みは実力を本当に急上昇させる重要要素です。

ですから、まず、仮面浪人をするなら休学も考えてみてください。それから、社会人の場合はハードルが上がってしまいますが、休職も検討してみてください。例えば、働きながら少しずつ勉強して成績をある程度まで上げ、合格が現実的になった段階で数か月休職するなどです。

ただ、全てを捨てての背水の陣はお勧めできません。というのも、不本意であれ、なんらかの保険があることは、気づかないだけで精神を陰で安定させてくれます。受験は精神状態がかなり重要なので、あまりにも思い切ったことは避けた方がよいでしょう。

最後は再受験です。といっても、純粋に勉強する場合は浪人と変わりませんから、とくに大きな注意点はありません。ただ、後がなかったりと精神的にはきついと思います。そういった不安を解消するには、結局勉強するしかありません。逆に、何もしなかったり、考えるだけではどんどん不安が増大します。不安になる暇がないくらい勉強して、一年間で絶対に合格しましょう!!

あと、最新情報の収集も忘れないように。受験は情報戦でもあります。そういった情報は大手予備校や大学のホームページで入手できます。抜かりなく行きましょう。

## 【面接対策】

面接対策に移ります。ある程度しっかり準備しておかないとスムーズに言えませんし、相手にも丸わかりです。といっても、筆記試験でほぼ決まるため、まずはそちらに力を入れてくださいね。

まず、最初にネットでどのようなことを聞かれるか調査しましょう。「○○大学　医学部　面接」などと検索すれば出てきます。まずはこれらの質問の答えを考えます。医学部の面接官は素晴らしい答えを期待しているわけではないです。医師としてふさわしいかを判断しています。よって、①しっかり準備してきたか②しっかり受け答えができるか③おかしな思想を持っていないか④協調性はあるか、などを見ています。ですから、よく聞かれる質問に対してしっかりと答えを作って練習し、本番では明るく元気に愛想よく振る舞えば十分です。くれぐれも面接で逆転しようなどと思わないように。稀に聞いたことがありますが、それは準備云々ではなく、運によるところが非常に大きいです。筆記でしっかり得点できれば全く問題ありません。

最後に、いくつか注意点を説明します。まず、話す練習はかなりやったほうがいいです。というのも、自分で回答を作り、暗記して話す場合、自分は気づかずとも、聞く側からすると思い出しながら話しているのがバレバレだからです。文章の言葉と話し言葉は少し違います。ですから、回答を作った後は何度も話す練習をし、自然に聞こえるよう修正を加え、最終的には今考えてスラスラ話しているように聞こえるまで練習しましょう。

次に、入退室のマナーなどについて。これは面接関連の本には必ず書いてありますが、聞いたところ、なかなかうまくいかないそうです。というのも、面接官によっては早く入るよう促されたり、途中で遮られてしまうことも多々あるようです。かといって、いじわるでやっているわけではないため、安心してください。向こうも時間にあまり余裕がないため、どんどん済ませたいだけだと思います。

そして、質問には低姿勢に答えることが重要です。明るくはきはきは重要ですが、面接していただいているという姿勢で行きましょう。とくに、医療に関する質問ではなおさらです。相手は医療の専門家です。たとえ知っていたとしても、食ってかかるような態度は厳禁です。詳しく突っ込まれて墓穴を掘る危険もありますし、なにより印象が最悪です。

同じようなこととして、あまりに張り切ってしまうのもダメです。自分だけアピールしようと必要以上に積極的になるなどです。医療はチームプレーなので、ランボーみたいな人がいると困ります。変なところで減点されないようにしましょう。

## 【多浪や再受験は合格できるのか】

一番気になることかもしれませんね。実際、医学部の差別が大問題になりましたし、かなり心配している方が多い気がします。

結論から言うと、**しっかり大学を選べば**大丈夫で、筆記で合格点が取れれば十分合格できます。黒い噂のある大学は受けてはいけません。間違いなく、いまだに陰で差別を続けている医学部は存在します。そういった医学部はすぐに噂になります。逆に、そういった悪い噂が全くない大学は本当に安全と言えます。例えば、三重大学の医学部は差別とは無縁です。再受験生が山ほど合格しています。

ただ、現役や一浪と全く同じ扱いかと言えば、区別的なものはあります。三重大学でしたら、以前は面接が多浪や再受験だけ受験番号に関わらず最後に回されていました。多浪や再受験は少数派ですから、大学も慎重になるのは当然です。といっても、差別されるわけではなく、ごく普通の人間だとわかれば合格できます。このような大学では、筆記でしっかり得点し、人間性もまともなのに、年齢や性別などを理由に落とされることはないと言えます。

※この面接後回しも今はなくなりました。大学も非難を避けたいからでしょう。

ちなみに、三重大学の面接点は100点ですが、現役や多浪など関係なく、ほとんどの人が90点です。一部、面接がうまくいった人が95点、二、三人が100点です。隣の名古屋市立大学の医学部は200点満点で、現浪など一切関係なく、普通に面接を済ませれば全員200点です。過去に不合格だった多浪の人も面接だけは200点と言っていました。

※名市大は令和二年度の入試では面接が全員満点ではなくなりました。合格者でもかなり幅があります。差別ということではなく、単に面接をしっかりやるようになっただけだと思われます。

というわけで、しっかり選べば大丈夫です。調べ方は既に書いたので、そちらを参考にしてください。筆記で合格点を取ることだけに集中すれば大丈夫です。

## 【続けるべきか、やめるべきか】

かなりデリケートな問題ですが、避けては通れません。受かれば万々歳ですが、そうでないことの方が多いのが現実です。もちろん、夢を諦めるというのは断腸の思いです。しかし、いつかは潮時というのがあると思います。

東大で多浪はあまり聞きませんが、医学部浪人は五浪、六浪なんてざらにいます。中には十浪以上も。しかし、それも合格できなければ頑張った意味がありません。浪人が重なると、後に引けなくなると聞きます。それに、変なプライドが生まれ、他学部への妥協もできなくなると。こうなっては、人生の貴重な時間を棒に振るだけでなく、その後の人生もめちゃめちゃになってしまいます。

そこで、潮時について意見させてください。考える要素は①全力を尽くしたか②自分に本当にできるのか③医学部合格は人生で一番重要なのか、以上三点だと思います。

まず①ですが、全力を出したということは非常に重要です。そうであれば、もちろん非常に悲しいですが、潔く諦めることができます。目標達成できずとも、後悔を無くすことができます。一つの目標を諦めて、自分の未来のために別の道へ進むには後悔があってはなりません。全力を尽くすということは、まず第一に、合格への一番の近道になりますし、仮にダメだとしても、次へ進めます。1秒も気を抜くな、という意味ではありませんよ。自分を律し、立てた計画をしっかりこなせたか、という意味です。とにかく、手を抜いていいことなんて一つもないと断言できます。

次に②ですが、才能のような元々の能力のことを言っているわけではありません。合格できるかどうかという観点では、才能には努力で勝てます。問題は、実行して反省し、継続できるか、です。受験がかなり長引いている方で、一日12時間くらいの勉強を数年間毎日継続している人は、おそらくほぼゼロだと思います。受験勉強を始めれば、必ず調子の悪いとき、気分が乗らないとき、現実逃避したくなるときが来ます。それも何度も。ここでくじけずに続けることができるかをよく考えてみてください。これができなければ、残念ながら合格は難しいです。

そして、最後の③ですが、医者になるというのはあなたの人生にとって、それほど重要なのでしょうか。数年間もあれば、本当にいろいろなことができます。それを捨ててでも医者になる価値は本当にありますか？　きれい事を言うつもりはありません。自分の心、欲望に素直になるべきです。浪人は年数が増えるほど後には引けなくなります。あとになって、「あの時、別の道を選んでいたら……」とだけはならないようにしてください。職業だけで人生の満足度が決まるはずがありません。今一度、自分の心に素直に聞いてみてくださいね。

◀第３章

# 各科目の
# 具体的な勉強方法

## 【数学の勉強方法】

数学は医学部受験生を最も悩ませる科目です。一番時間がかかり、得意な人と不得意な人の差が歴然としています。できる人はとことんできるし、できない人はとことんできません。医学部合格の鍵を握っています。ここでは、そんな最大の関門である数学の勉強法を説明します。時間はかかりますが、諦めずにコツコツ進めば必ず数学はできるようになります。気合いを入れて行きましょう!!

### ▼方針

全科目中最も基礎固めが重要な科目です。焦って基礎を疎かにすることは絶対にダメです。①超基礎②基礎③標準④やや難⑤発展という段階を経て実力をつけます。共通テストの対策は③が終わり次第、並行して進めます。共通テストの本番1カ月前から超集中して一気に実力を伸ばします。

また、数学の力を伸ばすには、二段階のステップを経る必要があります。

第一段階は市販の問題集を用いた数学の常識作りです。まずは知識を蓄え、経験を積む必要があります。これは本番で戦うための体づくりに相当します。ただし、これだけでは全然ダメです。運動選手を想像してほしいのですが、問題集をやっただけでは、単に筋トレをしたに過ぎません。このまま試合に出て、好成績が残せるでしょうか？　もちろん不可能ですよね。実戦を想定したトレーニングを積むことで、本当の実力が養成されます。

ということで、第二段階は赤本を用いた実戦力の養成です。本番さながらの緊張感で実戦を意識したトレーニングを行うことにより、2次試験に必要な集中力、知識と経験を実際に活かせる脳みそ、そして土壇場での粘り強さを養います。その後の残りの時間で総復習をし、2次試験本番ということになります。

それでは、①〜⑤を段階ごとに詳しく説明します。

※数学の問題集全般に言えることですが、解説がわかりにくいです。一から十までを紙面に収めることはできないというのはわかります。しかし、あたかも当然のように進み、行間は自分で推理してね、という感じです。本書では各段階で問題集を推薦していますが、それは問題構成がよいからであって、解説が素晴らしいからではありません。

ちなみに、問題構成も解説も素晴らしい問題集は、調べた限りでは1冊もありません。これはそういうものだと知っておいてください。

私は再受験時代にずっと不満に思っており、この二点を両立させた解説動画を作っています。詳しくは最後の項をご覧ください。

## ①超基礎

この時期は数学の土台を作る最重要時期です。焦ってここを疎かにすると後々実力が伸び悩みます。焦らずゆっくり行きましょう。

ここで使う教材は**教科書＋教科書ガイド**です。どこの出版社のものでも構いません。ちなみに、私は東京書籍のものを使いました。

やり方は、最初から順々に説明を読み、例題↓類題という順に解き進めていきます。とくに、各分野の定義や概念が非常に重要です。ここがあいまいだと後でよくわからなくなります。定義をしっかり理解、記憶し、問題を通して理解を深めます。

ただし、全てを完全に理解する必要はありません。なんとなくは理解できても、どうも腑に落ちないといったことがよくあります。重要なのは最終的に全て理解できていることです。ここではなかなか理解できない事項はいったん保留し、さっさと次に進むのが賢明です。教科書＋ガイドを5回くらい繰り返しやりましょう。最初の3回は面倒でも全ての説明と問題をやります。4回目以降はできなかった問題だけで構いません。○△×などの印をつけながら進めると効率的です。5回通りやり終わった時点で、全体の80％くらいが理解できていれば十分です。次の段階に進みましょう。

## ②基礎

①の段階で全ての分野の定義や概念、だいたいどういうことをやる分野なのかが理解できました。

ここからは、各分野の基本的な問題をマスターしていきます。使う教材は**『黄チャート』**(数研出版)です。世間的には『青チャート』のほうが有名で、あたかも青でなければダメのような印象がありますが、『黄チャート』でも全く問題ありません。むしろ、『青チャート』には平気で発展問題も含まれているため、消化不良になる可能性が高いです。『黄チャート』にも若干そのような問題が含まれているため、◎マークが1～3個のものだけをやります。◎4個は理解できればやってください。◎5個は問答無用で捨てます。また、例題のみをやります。下のpracticeはやらなくて結構です。

次に、やり方ですが、まずはヒントを読み、ここで何を学ぶかを確認し、5分くらい自力で考えましょう。それで最後まで解けたら最高、わからなければ解説を読み、理解します。

ただし、注意点が三つあります。

一つは、最後に必ず最初から最後まで自力で解き切ることです。理解したつもりになって、いざ解き直してみたら「あれ?」といったことが数学には非常によくあります。必ず自力で解けるようにした後で次に進みましょう。

二つ目は、問題の解き方の流れを理解、記憶するということです。問題と解答を一字一句記憶する必要は全くありませんし、不可能です。ある問題を見たとき、「この問題はこういう流れで解けるよね。」とすぐに思い出せれば完璧です。

そして三つ目は悩みすぎないことです。①超基礎～③標準までの段階では、思考よりも流れの記憶が重要な作業です。なぜなら、そのほとんどが典型問題であるため、既に解き方は確立されています。先人が既に素晴らしい解き方を用意してくれているのですから、これを素直に学ぶのが賢いやり方です。数分くらい試行錯誤するのは大いに結構ですし、必要なことですが、1時間試行錯誤するといったようなことはやめましょう。完全に時間の無駄です。そういったことは④やや難以降に重要となる勉強方法です。

『黄チャート』は既に教科書でやった超基礎問題も多く含まれているため、意外とサクサク進むはずです。といっても、全部で分厚い問題集が3冊もあり、大変なのは事実です。全科目中、最も問題数が多い問題集ですから、ここが正念場です。3回通りは解き直したいところです。ここでも○△×などの記号をつけ、効率的に勉強しましょう。ここが終われば共通テストの問題もある程度理解できるようになります。

**③標準**

②までで相当量の知識と経験が積めました。本当にお疲れ様です。ここからは標準問題に取り組みます。使う教材は**『1対1対応の演習』（計6冊）**（東京出版）です。例題と演習題がありますが、

例によって**例題だけ**をやります。『黄チャート』でやったように、問題文とヒントを読み、まずは数分、試行錯誤してみてください。最後まで解き切れる問題が意外とあります。それでもわからなければ、すぐに解説を読んで理解し、再び自力で解き直してください。3回通りはやりたいところです。

ここまでで標準的な問題の勉強は終わりです。もう共通テストの問題も全て理解できるようになっているはずです。医学部の2次試験にもある程度対応できます。数学の勉強もだいぶ終わったということになります。ここからは共通テストの勉強と2次試験の勉強を並行していくことになります。

※医学部の2次試験で戦うための最低ラインがこの段階を完了していることです。正直、このレベルのことは多くの受験生がこなしてくるため、差をつけることは難しいです。時間がなければしかたありませんが、心許ない戦いを強いられます。ぜひとも④までは完了させたいものです。

**④やや難**

今からはやや難しい問題を解いていきます。教材は『**やさしい理系数学**』(河合出版)、もしくは『**新数学スタンダード演習＋数学Ⅲスタンダード演習**』(東京出版)です。どちらでも構いません。

特徴としては、

◎**やさしい理系数学**

・問題量は２００問（例題＋演習問題）

・別解が豊富

・説明が皆無で最低限の計算だけ

◎**スタンダード演習シリーズ**

・問題量は約４４０問

・『1対1』と解説の雰囲気が似ている

・解説が（比較的）丁寧

です。どちらも非常に有名な問題集です。問題量と解説に大きな差があるため、時間があまりなく、簡素な解説でも自力で理解できる方であれば『やさしい理系数学』をお薦めします。別解も勉強すれば、問題に対する多角的な見方を習得できます。逆に、時間に余裕があり、丁寧な解説が好みである方は『スタンダード演習』シリーズがよいでしょう。

さて、肝心の勉強方法ですが、ここからは今までの受動的な勉強方法とは変わり、試行錯誤が重要となってきます。このレベルの問題集となると、医学部入試で出題されるものと似たものになります。問題の解説は無駄なものがそぎ落とされたものです。最初からきれいな答案が書けるはずがありません。よって、まずは自力でなんとか解き進め、仮に汚い答案でもなんとか最後まで行くよう努力します。その過程でさまざまな気づきがありますから、決して無駄な時間にはなりません。

また、どちらの問題集に取り組むにしても、最初から順番通りに解いていく必要はありません。既に標準的な問題の解法は身についています。その中でも、得意、普通、苦手と分野によって分かれるはずです。普通や苦手分野を強化するために、その分野だけ集中的に取り組むというやり方がお勧めです。全ての問題は厳選されたものですから、苦手分野が終わったあとには残りの問題もきっちり終わらせましょう。

時間的な目安ですが、これは問題によってかなりばらつきがあります。個人的には、簡単な問題は5～7分、難しい問題や手間がかかる問題は30～40分、その他の標準的な問題は10～20分くらいかかりました。また、『スタンダード演習』の場合、難易度と標準解答時間が書かれてはいますが、これが自分にとってもそのまま当てはまるかというと微妙です。例えば、C問題でもサクサク進み、解説の確認含めて10分かからずに完了といったこともよくありました。逆も然りです。あくまで目安なので、自分の得意不得意に依存するところが大きいです。あまり気にしないようにしましょう。

ここまでで問題集を用いた勉強は終わりです。数学が難しい医学部を受ける方のみ、次のステップ⑤に進んでください。あとは共通テスト対策と、赤本を用いた演習のみです。長い道のりでした。本当にお疲れさまでした。

## ⑤発展

ここからは発展的な問題を解いていきます。正直、⑤が必要な方は限られてきます。もし、④が終わった時点で赤本が解けそうであれば、この過程は不要です。数学の勉強の最終過程にささっと進みましょう。

この過程では、単科医大や難しい数学の問題が出題される医学部にも対応できるような力を養います。

よく、応用力が大切だと説く方がいます。しかし、大部分の受験生にとって、応用するというのはなかなかにハードルが高いはずです。途中の計算ミスや論理の誤りであえなく誤答ということがよく起こります。

また、数学には各段階ごとに常識のようなものが存在しています。標準までしかやっていない人には、やや難の問題の解法に？　と感じるかもしれませんが、それ以上をこなしている人にとっては当たり前、ということがよくあります。そして、体感的にはその差はやや難と発展の間がかなり大きい気がします。

発展で扱う問題は有名、典型な問題が多いですが、処理方法を知らないとかなり難しいです。これが『常識』に相当します。ただ、今までの段階が理解できているようであれば、発展の問題の解説もそれほど苦しむことなく理解できるはずです。それに、興味深い問題が多いのも特徴です。きっと楽しみながら勉強できるに違いありません。

とはいえ、一問一問が重たいです。概念を理解するのが難しかったり、計算そのものが複雑であったり。

とにかく、これが最後の問題集です。ここまでこなせば、間違いなく他の受験生に大きな差をつけることができます。大変ではありますが、あと少しです。気合いを入れて頑張りましょう!!

では、この段階で使う教材を紹介します。オススメは『**医学部攻略の数学**』(河合出版)です。2冊に分かれており、例題と類題でそれぞれ129問ずつあります。類題は、例題が理解できていれば、あとは少しの工夫で解けることが多いです。時間があれば例題と類題を全部、時間がなければ例題だけでも構いません。理解があやふやな問題だけは類題もやっておきましょう。

さて、勉強法ですが、④のようにとことん考える勉強とはまた変わります。この問題集を通して学ぶべきことは、発展的な手法です。頑張って考えたから解けるかというと微妙です。手法をしっかり理解し、ものにすることが重要です。というわけで、この問題集は問題を読んで少し考えたら、すぐに解説を読んで構いません。解説を熟読し、実際に手を動かして計算し、何も見ないでそれを再現できるようになるまでひたすら繰り返します。ひらめくことが重要ではなく、昔の頭のよい人が考えた偉大な手法を習得することに重きを置きましょう。難しいので、できたら3回くらいは繰り返したいところです。ここらへんは残りの時間との相談でしょうか。

以上で、問題集を用いた数学の勉強は全て終わりです。これからは赤本を用いた最後の勉強が始まりますが、今の段階で相当高度な数学の力が身についています。赤本が少々簡単に感じられてしまうかもしれませんね。

## ▼▼共通テスト対策

これはしっかりと対策しておく必要があります。センター時代は数学も一つの鬼門で、2次はできるのに、センター数学がとれないという人がたくさんいました。

さて、対策に移る前に。大半の分野は2次対策で既にしっかり学びましたが、データの分析だけが手薄です。1冊しっかりやっておきましょう。お薦めは『**佐々木隆宏のデータの分析が面白いほどわかる本**』（ＫＡＤＯＫＡＷＡ）です。前半は超基本的なことから書かれているため、実質的な負担は少ないです。

では、対策に行きます。共通テストはセンター試験と出題形式が変わった点がいくつかあります。過去問が少ないため、来年の予想を立てるのは難しいです。しかし、変わらずに重要となることは普段の2次試験向けの勉強です。2次力を強化することが結果として共通テストの対策にもなります。とくに、過程を意識して勉強することで、出題形式が大きく変わっても対応できるようになります。まずは普段の勉強に力を入れましょう。

あとはセンター試験の過去問も有効です。最近のものからやりましょう。もちろん共通テストの過去問もお忘れなく。それが終わったら、模試、試行調査、予想問題、パックをやって完了です。

## ▼実戦力養成

もう既に入試に必要な知識と経験は皆さんの中に入っています。あとは、集中力、時間内に解き切る実戦力、最後の1秒まで諦めない粘り強さを養えば、数学の勉強は全て完了となります。2次試験は大学ごとに特色があるため、これに慣れることで得点力が飛躍的に上昇します。使う教材はもちろん赤本です。

それでは、具体的な方法に進みます。この段階の狙いは、実戦力養成です。どうやってその力をつけるかというと、それは単純です。実際の入試問題を制限時間内に解き切る訓練をするだけです。
※実際は制限時間より10～20分くらい短めの時間を設定します。なぜなら、本番はめちゃくちゃ緊張するからです。どれだけ準備しても絶対に緊張します。しかも、本番は冬です。手がかじかんで思うように字が書けないなど予想外のトラブルに見舞われます。そういったことにも対処できるように、短めの時間で解き切ることに慣れておきましょう。

まずは志望校の赤本と、それに問題の傾向や難易度が似た大学の赤本を用意します。ネットの講評やパッと見の印象で構いません。また、志望校の赤本は過去十年分くらいは用意しましょう。

次に、タイマーを設定します。先ほども言いましたが、絶対に短く設定してください。

そして、解答用紙は小さめの紙にします。既に受験したことがあればそれに近いものを選んでください。大学によっては解答用紙に十分なスペースが設けられていない場合もあります。普段から少し不自由なくらいで練習しておきましょう。

ここまでやったら、あとは解くだけです。その前にいくつか注意点を挙げておきます。

- 超集中する（これは本番だと思い込む）
- 絶対に途中でやめない（部分点も狙う）
- 最後の1秒まで粘る
- 解く順番を意識する
- ある程度きれいな字で書く
- 採点者に理解してもらえるような解答を

さあ、始めましょう!!　最初は問題集とのギャップに苦しむのが普通です。でも、それも慣れの問題です。1カ月もあれば十分です。この過程は集大成であり、真の数学の力が身につきます。

これにて数学の勉強は全て終わりです。本当に長い道のりだったと思います。あとは本番でぶちかますだけです。

## 【物理の勉強方法】

たいていの医学部では理科で物理か生物を選択する必要がありますが、費用対効果の面から断然物理をお勧めします。覚えることが非常に少なく、一度理解してしまえばすぐにできるようになります。勉強を一度終えた後のメンテナンスも楽です。早めに全部終わらせて、ここで余った時間を他の科目に費やしましょう。生物で満点は相当困難ですが、物理なら満点も十分狙えます。

### ▼▼方針

物理は一度理解してしまえば応用も難しくはありません。数学はある程度勉強しても、問題によっては方針が全く立たずに白紙、ということがよく起こります。しかし、物理はそんなことはまずありえません。理由としては、数学は一つの問題に対し、さまざまな解法が考えられますが、物理はほぼ一本道です。数学は理論の学問であるのに対し、物理は現実世界の現象を扱う学問です。どうやら、物理現象は非常に単純な法則だけで支配されているようです（逆に言えば、人間がこれだけ長い年月をかけてもそれだけしか発見できなかったとも言えますが……）。知っておかなければならない公式も本当に少しです。よって、問題を見た瞬間にどの分野であるかわかり、同時に、問題を解くのに使える公式も決定されてしまいます。故に、基礎が最も大切だと言い換えられます。

そこで、まずは『物理のエッセンス』を繰り返し解くことで物理の考え方を習得します。数学に比べ、覚える公式の量は微々たるものです。次に、『名問の森』を解くことで、覚えた公式をどのように使うかを学びます。そして、これらが終わり次第、赤本を用いて実戦力をつけていきます。数学や化学に比べ、やるべき問題の分量はかなり少ないです。これが物理は短期間での完成が可能と言われる所以です。ゼロから始めても、4、5カ月ほどで2次試験でも十分戦えるようになります。ちゃちゃっと完成させてしまいましょう!!

ただ、物理が苦手な人が多いのは、イメージができていないからだと思います。とくに、最初の力学でつまずいてしまうと、なかなか伸びません。こういった人がかなり多い科目です。逆に、その壁を乗り越えてしまえば、あとは意外と楽です。実は基礎と標準、発展の間の落差はあまり大きくありません。基礎が理解できれば、標準も理解できます。標準が理解できれば、発展もそれほど困ることなく理解できます。つまり、最初の壁を越えられるかが最大のポイントです。

ただ、どうしても難しいという方もいるはずです。そこで、まずは『物理のエッセンス』の力学の最初の数章だけやってみることをお勧めします。ここでどうしてもギブアップということでしたら、生物を選択しましょう。無理に物理に固執する必要はありません。

## ①基礎

何度も言いますが、物理は基礎が最も大切です。ここで各分野のイメージを習得することができれば、その後の学習はスムーズに進みます。頑張りましょう!!

使う教材は『**物理のエッセンス**』(河合出版)です。教科書は使わないほうがいいです。理由としては、教科書は説明が硬く、初心者には向いていないからです。一度基礎を理解した後に確認の意味で読むことはとてもよいのですが、最初の本として使うべきではありません。その点、『物理のエッセンス』は優秀です。本当に必要なことのみが、わかりやすく説明されています。この本を感覚的だ、と非難する方もいますが、正直、物理は感覚もとても重要です。それに、この本で学んだ物理で難問にも十分対応できますから、安心してくださいね。

さて、その『物理のエッセンス』ですが、本当に優秀な参考書です。物理選択者ならほとんどが持っているのではないでしょうか? この本は題名通り、エッセンスが凝縮されています。隅から隅まで読む必要があります。数学の勉強法では、『黄チャート』は難しい問題は飛ばしてよい、と書きましたが、ここではそれは御法度です。それに、そこまで難しい問題も載っていません。

勉強方法は単純です。最初のページから丁寧に説明を読み進めます。各章の最初は概念が説明されていますから、ここでどのようなことを学ぶのかを意識して理解しましょう。

次に、ある程度説明が済むと、今度は例題や類題があります。これも全て解きます。数分間は自分で試行錯誤してみるとよいです。例題は最初は自力では解けないかもしれませんが、類題は例題とかなり似ているので解けるはずです。概念↓例題↓類題というサイクルを繰り返すことになります。

『エッセンス』は使った参考書の中で最高傑作だと思っています。最終的に何回繰り返したかわからないほどやり込みましたが、読むたびに新たな発見がありました。最初はどうでもいいと思った事項でも、後で読んでみると「なるほど!!」と思うようなことが何度もありました。それくらい、この参考書はよくできています。1回目は正直、なかなか理解できないし、進むペースもめちゃくちゃ遅いと思います。このままで本当に大丈夫なのかと不安になるかもしれません。でも大丈夫です。それも2回目、3回目となれば、昔が嘘のようにサクサク進むようになります。物理は概念を理解するのが難しいですが、一度理解してしまえば、あとはこちらのものです。その最初の壁が乗り越えられずに挫折してしまう人が多いですが、非常にもったいないです。『1周目が最大の関門』ということを念頭に置いて、気合いを入れて頑張ってくださいね。

ちなみに、最後の原子分野は難しいです。身近なものでもないため、なかなかイメージできません。すぐに忘れがちです。ここだけは最後にとっておき、まとめて数回繰り返して解き直すという戦法を推奨します。

## ②標準〜やや難

『エッセンス』が完了した段階で、実は物理の勉強はかなり済んだことになります。数学や化学と比べると、本当に分量が少ないです。これが、物理は短期間で完成できる、という所以です。

さて、ここからは標準〜やや難レベルの典型問題を解いていく作業になります。レベル的には、『エッセンス』の次の段階として、『良問の風』という問題集がありますが、正直、やる必要はありません。何度も言うように、物理は概念が理解できてしまえば、公式の適用は簡単です。大学入学後に実際に『良問の風』を解いてみましたが、感覚的には『物理のエッセンス』と問題のレベルがかなり被っています。初見でも、その場で考えればすぐに解けてしまうような問題も多々あり、これをわざわざやるのは時間的にちょっと……という感想です。

ということで、今からはもう一つ上のレベルの問題集である『**名問の森**』（河合出版）をやっていきます。

この問題集と『良問の風』の違いとして、『名問の森』は⑴単に考えただけでは迷ってしまう問題⑵見落としがちな問題⑶経験がないと難しい問題が多いことが挙げられます。

⑴は、『エッセンス』で学んだ知識と経験で方針は比較的すぐにわかるが、本当に正しいのか確信が持てないような問題です。

物理はとくに、途中で自分の解答に自信が持てなくなると、途端にものすごい不安に襲われ、次に進む意欲が消え失せます。物理の特徴として、大問中の小問は、それぞれが前後で関係していることが非常に多いです。一連の流れの中で、順に小問に解答するため、一つ前の問題を間違えてしまうと、連鎖的にそれ以降の問題も全滅、ということが起こります。よって、一つ一つの問題に確信を持って解答できるということは、高得点を目指す上で非常に重要なわけです。こういった、『エッセンス』だけでは解決できないあやふやさを、この問題集を通して解消することができます。これくらいが理解できれば、本番でも迷うことはかなり少なくなります。

⑵は、一見簡単で、「こんなの余裕だぜ！」と思えてしまう問題です。余裕綽々でできたと思っていたら、答えが全然違ったりします。こういった問題は、一度経験しておかないと、本番ではなかなか正答できません。

⑶は、その名の通り、難しい問題です。思わず「こんなのどうやって解くんだ?!」とひるんでしまいます。何も考えず、強引に計算で解こうとするとどつぼにはまります。この類の問題はたしかに難しいですが、数はそれほど多くないため、一度経験しておくことで対処可能となります。

以上、⑴〜⑶の問題が豊富に掲載されているのが**『名問の森』**です。もちろん、初見で解ける問題も少なくありません。なにより、物理はやるべき問題が非常に少ないため（『名問の森』の問題数は2冊で約140問程度）、他の理系科目に比べてあっという間に完了します。

では、具体的な勉強方法を説明します。物理は得意にできれば本当に頼もしい味方になります。

得点のブレが小さく、安定して高得点、満点すらも十分狙えます。この段階を終えれば、物理の勉強も終わったようなものです。あとは、赤本にて実戦力を磨くだけです。一気に攻めてしまいましょう!!

『名問の森』は、問題数が約140題と少ないです。すぐに終わる反面、しっかりと自分の頭で考えるという作業がめちゃくちゃ重要になってきます。数学と違い、方針が立たないということは稀です。時間は十分ありますから、まずは、自分の知識を用いて解けるところまで解きましょう。この際、試行錯誤することが大切です。どのような現象が起きているのかを目一杯考えます。例えば、力学だったら、

・重力や電磁気力は離れていても働く
・それ以外は接触している部分からのみ

という大原則を念頭に置き、自力で考えます。エネルギーの総和は絶対に不変なども基本中の基本ですが、非常に重要です。

『エッセンス』で学んだことを基礎に考え、解き進めます。多くの場合、途中で詰まるはずです。ここでもあれこれ考え、そこでようやく解説を熟読します。数学と違い、すぐに理解できるはずです。

途中の計算も大したことはありません。こうして理解したら、とりあえず最後まで解いてください。ただし、ここで終わっては絶対にダメです。まだ、助けを借りてなんとか最後まで辿り着けた状態に過ぎません。ナビなしでスタートからゴールまで行けるようにすることが勉強の目的なので、今度は何も見ずに、今一度、最初から最後まで解き直してください。ここでスラスラ最後まで行けるようなら、その問題は合格ということになります。理解度に応じて、○△×などの記号を付けておくと、2回目以降がスムーズに行えますよ。

とにかく、考えることが非常に大切で、後の伸びに大きな影響を与えます。時間は全然気にする必要はありませんが、一応の目安として、大問一つあたり、20分～1時間半くらいで完了（解説を理解し、再度自分で解き切るまでの時間）できるとよいかと思います。原子分野はけっこう難しく、面倒な数値計算もあるため、時間がかかってしまいます。

最低3周はしたいところです。もともとの問題数が少ないので、できれば毎回全部解き直すのがお勧めです。

これにで、『名問の森』は完了です。この時点で物理の実力は相当ついています。ただ、実戦力をつけないと、本番で高得点は難しいです。最終段階に進みましょう。

一方、中にはまだ不十分な方がいます。物理が難しい医学部の場合、もう一段階経る必要があります。そんな方は③に進みます。

### ③発展

大半は『名問の森』で十分なのですが、一部の難しい問題には若干不足です。また大問を最後まで解き切る完答力をつけたい方もいるはずです。そんな場合の勉強法を紹介します。

使う教材は『**物理標準問題精講**』（旺文社）です。標準とついていますが、全然そんなことはありません。間違いなく難問集です。昔は『難問題の系統とその解き方』が定番でしたが、問題が重く、解説も簡素であるため、今はこちらが断然お薦めです。文章構成もよく、解説もわかりやすいです。

進め方ですが、まずは自力で解ける場所まで解きます。詰まったら、数分間試行錯誤してください。それでもダメなら、すぐに解説を読み、自分の考え方のどこがダメであったか、何を要求されていたのか、何を学べばよいのか、などを意識し、理解してください。これが終わったら、もう一度最初から解き直して完了ということになります。

この問題集は難しいので、できれば３回くらいはやりたいところですが、時間的にそんな余裕はない場合が大半でしょう。こればかりは、計画的に早めに始めるしかありません。

ここまでやれば、確実に物理で差をつけられます。あとは実戦力をつけたら最強です。

### ▼▼共通テスト対策

共通テストは、センター時代に比べ、考察が必要な問題が増えました。全く見たことがないような問題も出題されました。どうやってこれに対応するかといえば、それは『エッセンス』の習得に尽力することです。真新しいものも、高度な問題というわけではなく、基礎がしっかりできた上で考察できるかを試しています。『エッセンス』は薄いですが、必要なことが全て書かれています。何度も繰り返し、より深い理解を目指しましょう。さらに、『名問の森』も役に立ちます。難易度は明らかに上ですが、基本となる考え方は基礎も発展も変わりません。あとは、共通テストやセンター過去問、模試、試行調査、予想問題、パックをやって準備完了です。

## ▼▼実戦力養成

いよいよ最後まで来ました。お疲れさまです。ここを乗り越えれば、物理が真の武器になります。そう時間はかかりません。今までの勢いに乗って、最後までやっちゃいましょう!!

その前に、この段階の意義を説明します。実は、前の段階を終えた時点で既にかなりの力はついています。物理がそれほど難しくない大学であれば、正直余裕なほどです。

しかし、標準より上の難易度の物理では、問題集と本番の問題の間に溝があります。具体的には、計算が煩雑であったり、出てきた答えが非常に汚かったりします。大学ごとにかなり特色がありますが、慣れの問題です。よって、ここではその溝を埋めることが重要になります。この溝さえ埋めてしまえば、真に使える物理の力が獲得でき、本番での高得点が可能となります。

それでは、具体的な勉強方法に移ります。使う教材は**赤本**一択です。例のように、志望校のものはもちろん、それと同レベルの赤本も入手し、解きます。

また、ここからは本番の時間感覚と集中力、瞬発力、勇気と最後の粘りを養成する必要があります。万が一、よくわからない問題に出くわしたとき、予想外の事態で時間を大幅に食ってしまったときなどに対処できるようにする必要があります。

そこで、まずは赤本と小さめの紙を用意します。本番は十分な計算スペースがない場合も多く、不便な環境下で訓練しておく必要があります。

時間設定も重要です。どれだけ勉強しようと、本番はめちゃくちゃ緊張するため、普段の8割くらいの力しか出せないと思っておいたほうが賢明です。よって、本番よりも短めに設定し、その中でなんとか解き切る訓練をすることが効果的です。大学ごとに解答時間も違うため、一概には言えませんが、15分前後短めに時間を設定しておきましょう。

では、始めます。ここでは本番と同じくらい超集中する必要があります。気楽にやったのでは本当に意味がありません。必ず気持ちを整えてから始めてください。ラグビーの五郎丸選手のように、試合開始前のルーティンを決めておくとよいかもしれません。例えば、赤本を解き始める前に家の周りを一周するなどです。その動作が終わったら、戦闘モードに入れるようにしておくとよいです。

いざスタートしたら、まずは全体を見渡します。分野の確認、難易度はどれくらいかを推測します。馬鹿正直に最初から順番に解いていく必要は**全くありません**。解く順番も戦略の一つです。

実際、私が受験したときも、大問㈡はかなり面倒な設定で、合格した同級生の多くも苦戦した、かなり時間をとられた、と言っていました。私は、最初にこの問題を見たとき、かなり焦りました。「これは時間が足りないんじゃないか？」と直感し、他の簡単そうな問題から解き始めました。結果的にこの戦略は大成功でした。㈡が複雑な分、他の問題が簡単になっていました。そこで気持ちに余裕が生まれ、落ち着いて解くことができ、最終的には全ての問題を解き切ることができました。こういうことがよくあるので、解く順番は最初によく考えて決めましょう。この決める力も訓練で養われます。

あとは全力で勝負するだけです。超集中します。今は問題と自分しか存在していないくらいに没入できるとベストです。いかに素早く、そして正確に解けるかがポイントです。短い時間で一問一問正確に処理できるようになりましょう。物理は文字をたくさん使って答えさせることが非常に多いです。一文字でも間違えたら即アウトなので、素早く、かつ慎重にいきましょう。

最後のアドバイスですが、わからないからといって、途中で投げ出すようなことは絶対にしないでください。もし、これが本番なら、最後の1秒まで粘るはず。そういう気持ちで取り組んでください。わからないなら、とことん考えましょう。突然、ふと何かが繋がるかもしれません。思考だけではなく、実際に書いて計算もしましょう。必ず何か気づきがあります。何度も言いますが、本番のつもりで最後の最後まで粘ってくださいね。

この勉強を志望校やその他の大学の赤本で繰り返し行ってください。1カ月もあれば、見違えるように成長します。

以上で物理の勉強は全て完了です。

# 【化学の勉強方法】

化学は物理ほどすぐには終わりませんが、勉強量に比例して成績が伸びてくれる、ありがたい科目です。数学のように、なかなか光が見えずに挫折、ということも起こりにくいです。反面、覚えなければならないこともけっこうあり、暗記科目的な一面もあります。

とはいえ、得意にすることは難しくないですし、一度できるようになってしまえば、その後は安定して高得点が維持できます。メンテナンスも簡単です。医学部に合格する人はたいてい化学は得意なので、ここで落とすとかなり不利な戦いを強いられます。絶対に得意にしましょう!!

## ▼▼方針

化学は理論化学、有機化学、無機化学からなります。それぞれを説明します。

・理論化学…計算が主な分野。一度理解すれば、あとは内容的には単純な計算のみ。

・有機化学…暗記分野とパズル的な分野がある。とくに、後者は考えられる構造をもれなく考慮する必要があり、ある程度の慣れが必須である。

・無機化学…暗記分野が多い。典型的な問題が多いため、得点源になりやすい。

どれから始めてもよいですが、なんだかんだで有機や無機でも理論化学の知識を使います。まずは理論化学から始めるのがベストです。

最初は超基本的なところからやります。ピッタリの素晴らしい参考書があるので、あとで紹介します。

※化学も物理同様、教科書で勉強することはお勧めできません。やはり教科書の説明は硬く、初学者には向いていません。

次に、この本だけでは足りない部分がけっこうあるため、それを補う参考書をやります。ここまでで、必要な基本的な知識、考え方を習得したことになります。

そして、いよいよ問題集に入ります。理論化学は分野ごとに特有の計算方法があるため、それを問題集を通して学びます。有機に関しては、主に構造異性体の数え方を学びます。無機はイオンの系統分離などに慣れます。どの分野にしても、必要な知識は既に習得済みです。計算なども一部理解しにくいところがありますが、内容的には数学に比べて遥かに単純です。予想以上にすんなり済んでしまうことでしょう。

これが終わり次第、化学を強化したい場合はもう一つ上の問題集へ、そうでない場合は赤本を用いた演習に進むことになります。やることはたくさんありますが、進歩を感じやすいため、ストレスが少なく進めます。

それでは、さっそく始めましょう。

**★お知らせ**…化学は疑問が出やすい科目です。そこで、『**化学の新研究**』（三省堂）という本を辞書替わりに使います。銃弾が防げそうなくらい分厚いですが、内容も相応にめちゃくちゃ詳しいです。全部を読む必要は全くなく、わからないときに辞書として使ってくださいね。

また、イオンの色や物質などイメージしにくいです。『**フォトサイエンス**』（数研出版）などカラーの本を持っておくのをお勧めします。気になるトピックも満載なので、パラパラ読んでおくのもよいです。

**①超基礎**

まずは、化学を勉強する上で欠かせない超基本的な知識と考え方を学んでいきます。周期表を覚える、モルの概念（鉛筆のダースと全く同じ）を知る、比例計算に慣れる、各種必要知識の暗記、といった具合に進めて行きます。ここで使う教材は、『**岡野の化学が初歩からしっかり身につく**』**シリーズ**（技術評論社）です。全部で3冊あります。非常に丁寧にわかりやすく書かれており、個人的にはゴロ合わせも覚えやすく秀逸です。順番としては、理論化学①→無機化学+有機化学①→理論化学②+有機化学②の順番にやります。

やり方はいたって単純で、最初のページから順番に読み進め、ところどころにある例題を解いていきます。パッと見、分厚そうですが、紙質が厚く、大きめの文字の丁寧な解説のため、スムーズに進みます。ここでの知識はこれから問題を考える上での土台となるため、何回も読み返し、身につけてくださいね。

**②基礎**

岡野先生の本は本当に素晴らしいのですが、細かい知識などがけっこう抜けているのも事実です。このままではまずいため、その部分を補う参考書をやる必要があります。これにピッタリの本は、**『大学受験Do』シリーズ**(旺文社)です。これも3冊あり、**『鎌田の理論化学の講義』**、**『鎌田の有機化学の講義』**、**『福間の無機化学の講義』**をやります。これらの本は岡野先生の本よりも簡素でやや難しい説明ですが、より詳しく書かれています。これらの本をやることで、大学受験に必要な十分な知識を習得できます。

これらの本は、主に解説から成り、各章最後に演習問題があります。できれば全部解くのをお勧めしますが、『重要問題集』でも同じような問題をたくさん解くことになるため、急ぎの場合は飛ばしても問題ありません。

一部、やや深い内容で難しい部分があります。が、入試で聞かれることもありますし、皆さんの理解を深めてくれるため、頑張って理解しましょう。ただ、コラムにある難しい部分は飛ばしても大丈夫です。

進め方は先ほどと同じで、最初から読み進めるだけです。超基礎の段階で学んだ内容と相当被っているため、3冊もありますが、すぐに終わります。被っていない新規の部分に重点を置いて勉強するのがよいと思います。
※2次試験では、この本に小さく書いてあるような細かな知識も普通に出題されます。全てを一度に記憶するのは無理ですから、まずは太字部分などを暗記し、次により細かい部分を覚えていってください。
各種電池の仕組みやイオンの色、各種化学反応、色々な物質の製造方法や性質など覚えることがたくさんあります。何度も繰り返しましょう。

**③標準**
ここからは問題集を用いた勉強です。結局、問題を解かないことには理解が深まりません。使うのは、『**実戦化学重要問題集**』(数研出版)です。A問題とB問題に分かれています。A問題は超基

礎～基礎、B問題は大半が標準問題です。

安心してください。数学や物理と違い、この問題集は初見でも自力で解ける問題がたくさんあります。とくに、A問題は単なる知識問題や初歩的な計算問題が多く、1問3分くらいで終了、なんてこともざらです。問題数的には物理の『名問の森』の約2倍ありますが、大問一つ一つにかかる時間は断然、『重要問題集』の方が短いです。問題にもよりますが、大問一つあたり、解説の確認まで含めて、10～20分くらいで完了します。

進め方ですが、最初から順番に解く、A問題を先にやり、B問題に移る、やりたい分野ごとに一気に攻める、など色々な方法が考えられます。ピッタリの方法を選んでください。

解き方ですが、私は、まずは自力で解くことを断然お勧めします。この段階では電卓を使っても構いません。

実は、問題を読んだらすぐに解説を読み、効率よくこなしていく方法を勧める方もけっこういます。この方法のメリットは、効率よく一般的な解法を学べることです。

ただ、私はこの方法には反対です。というのも、今ある知識を使って自力で解ける問題も多々あり、一般的な解法＝自分にとっても最善の解法とは言えないからです。

自力で解くと、解説とは違う解き方をしてしまうことがあります。これはよくないようで、実は自身に合った解き方であることが非常に多いです。偶然答えが合ってしまうなんてことは非常に稀で、論理的に正しいからこそ、正答に至ったわけです。

1問を解くのにたいした時間はかかりません。自力で解くと色々な気づきもあります。解説に頼らずに、まずは自力で解くことを勧めます。その後、解説を読み、自分が変な、もしくは非効率的な解き方をしていたと思えば、そういうときだけ解説に倣ってくださいね。ただ、平衡の分野だけは自己流ではなく、解説の通りに解くことを強くお勧めします。

ちなみに、解説集の隅に書いてある情報も大切です。解説を読む際にはチェックし、必要と思ったらマーカーを引きましょう。

この問題集は非常に優秀です。超基礎から標準問題までを網羅してくれています。標準的な難易度の医学部であれば、この本＋赤本だけでも大丈夫です。自分の志望校の過去問をよく分析し、決定してくださいね。

回数としては、4周くらいはしたいところです。物理と違い、最初から余裕で解けた問題はもうやる必要はないので、やる際に○△×等の記号を付け、効率よくやり直してください。回を重ねるごとにどんどん短時間で1周できるようになります。

**④やや難〜発展**

ここからは、化学で差をつけたい方、化学が難しい医学部を受験する方が対象です。『重要問題集』は優秀ですが、これだけで全てに対応できるかといえば、それは無理があります。経験があればできるが、ないと初見で扱いに困る問題が結構あります。そういった、より難しい問題への対処力をつけるためには、もっと難しい問題集をやっておく必要があります。ここで使う問題集は一択で、**『化学の新演習』**(三省堂)です。めちゃくちゃ有名な本です。同じく有名な難問集に『新理系の化学問題100選』というものがありますが、一問一問がめちゃくちゃ重たいため、よほどの大学を受ける場合を除き、新演習だけで十分すぎます。

そうそう、『新演習』はアンチがたくさんいることでも有名です。どうやら、解説が一部、厳密には正しくないのが原因のようです。それを理由に、この本を叩く人がいます。が、個人的には問題ないと思います。ごく一部を除き、ほとんどの受験生は受験のために化学を学んだ、いわば素人です。そんな人に、厳密な理解を求めるほうが無理があります。しかも、受験生はほとんどが同じ参考書、問題集を使ってきます。仮に、出題者が厳しかったとしても、全員間違えるので問題ありません。それよりもメリットの方が断然大きいので、安心して『新演習』に取り組んでくださいね!!

ただ、『新演習』には一つ欠点があります。それは分量が非常に多いことです。一問一問重たい上に、問題も300問以上あります。一年間で一から医学部合格を目指す場合、この本まで完全にやる時間が残っているかは怪しいところです。なんらかの事情で、どうしても化学が難しい医学部を受けざるをえない場合、この本までこなしておく必要がありますが、覚悟して始めてくださいね。一応、★～★★★まで三段階に分類されています。どうしても時間がない場合、★★までにする、苦手な分野のみ全て解く、といった限定的な方法を採るしかありません。

解き方は『重要問題集』のときと同じです。『新演習』は難問集という位置づけですが、それでも自力で解ける問題も結構あります。まずは自力です。詰まったら、少し考え、それでもダメならすぐに解説に移ります。知っていれば簡単という場合も少なくありません。自力で解く↓解説熟読↓解き直す、ということを繰り返してください。この本は『新研究』と兄弟であるため、疑問点の解決には相性が良いです。

繰り返す回数は自身の残り時間とよく相談してください。1周するだけで相当時間がかかるため、『新演習』を完璧にするのは大変です。ただ、やったメリットは大きいため、理論分野だけでもやることをお勧めします。

以上で、問題集を用いた化学の勉強は終了です。

## ▼▼共通テスト対策

こちらは物理の対策と全く同じです。最重要なのは基礎の参考書と『重要問題集』です。これがしっかり理解、記憶できていれば応用問題にも対応できます。あとは同じく、共通テストとセンターの過去問、模試、試行調査、予想問題、パックをやって時間配分などに慣れてください。

## ▼▼実戦力養成

最後はやはり実戦力養成です。といっても、他の科目よりは問題集と赤本の間の溝は浅いです。基本的には問題集でやったことのあるような問題が多くを占めます。そうでない場合が差がつく場所ですが、ここでも基本は変わりません。今までに学んだことを思い出し、少しの工夫で解けることも多いです。

一つ、慣れが必要なのは、有効数字です。共通テストや親切な大学は数値を割り切れるものに調整してくれますが、多くの大学はそんなことはお構いなしです。これが意外に受験生を不安にさせます。最後のこの期間に、汚い数値の計算に慣れておけば、本番で焦ることもありません。実際に計算する際、もちろん電卓を使ってはいけませんよ。解答で要求されている有効数字より2桁分くらい余分に精密な値を出して計算する練習をしましょう。解法、計算順序によっては赤本の解答と若干数値が異なる場合がありますが、気にしなくても大丈夫です。

やり方は数学や物理の場合と同じなので割愛させてもらいます。(1)本番だと思って超集中する(2)時間は短めに設定する(3)計算用紙は小さめに(4)最初に解く順番を決める(5)最後まで粘る、この五点をしっかり守って真剣に取り組めば、必ず化学は心強い味方になります。

強いて注意点を上げるとすれば、問題の最初に書いてある（はず）の有効数字の指示、気体定数Rなどの具体的値を最初に確認することです。あと、本番は問題訂正が普通にあるため、集中しすぎて忘れてしまわないようにしましょう。問題によっては、やたら複雑になったり、正解が絞れなくなります。

以上で化学の勉強は完了です。

## 【英語の勉強方法】

英語は理系科目と違い、全くわからないということは稀です。200点満点なら、記号を適当に選んだり、頑張ってそれらしいことを書けば、20点くらいはもらえます。しかし、ある程度以上の高得点を狙うにはしっかりとした勉強が不可欠です。

英語の勉強は主に読解と共通テスト用のリスニングです。性質として、一気に詰め込んで勉強するのには向いていません。今まで勉強してこなかった人が1カ月英語をやり込んだとしても、勉強量に見合う成長は難しいです。理由として、英文に慣れることが高得点には必須で、これにはある程度の長い時間が必要だからです。リスニングにしても、しっかり聴き取れるようになるには数カ月くらいかかります。ですから、英語は早い時期から毎日コツコツやる必要があります。そして、一度できるようになれば、その後の維持は非常に楽です。単語や文法問題は定期的に復習する必要がありますが、長文を読む力は正直、一日数分くらいでも十分維持できます。

### ▼方針

まずは土台となる単語と文法の習得を行います。暗記である以上、短期集中が望ましいです。英語に対する恐怖は単語を知らないことから来ます。一気に大量暗記することで、この症状を消しましょう。

続いて、長文演習に移ります。単語を覚えただけでは実感が湧きません。実際にたくさんの英文を読むことで、単語の意味を感覚的にも理解し、記憶の定着を深めます。そして、英文の構造を理解し、これに慣れます。何度も繰り返し読むことで、英文の理解力と読む速度を上昇させます。

正直なところ、これだけです。リスニングなどの勉強はありますが、主軸となる勉強は以上です。実は非常に単純で、短期集中は難しいものの、読み続けることで意外なほどあっさり攻略できてしまいます。

それでは、早速、具体的な勉強方法に移ります。ここでは、中学卒業程度の英語の知識を想定しています。

## ①基礎（単語）

英語は言語です。言語の基礎はなんといっても単語です。単語を知らなければ全く話にならないし、単語さえ知っていればどんな話なのかわかります。まずは単語を覚えることから始めましょう。

使う単語帳は有名なものであればなんでも構いません。私は、『**速読英単語必修編**』（Z会）を使いました。他には、『**DUO 3.0**』（アイシーピー）、『**システム英単語**』（駿台文庫）、『**鉄壁**』（KAD

OKAWA)、『**データベース4500**』(桐原書店)などが有名どころです。英熟語も覚える必要があり、こちらは『速読英熟語』がよいです。中学の英単語も危ういようであれば、『**速読英単語入門編**』(Z会)であったり、もしくは中学生が使うような単語帳から始めるのをお勧めします。所詮ただの暗記なので、1冊増えたところで、そこまで負担が増えるわけではありません。

そして、**丸暗記**します。多くの場合、一つの単語につき、複数の日本語の意味が書いてあります。中には7個くらい意味があるものも。ひるんでしまい、「太字だけでいっか」と思うかもしれませんが、それはダメです。確かに太字は最重要ですが、これらの単語帳は大学受験に特化したものです。その単語帳が、これは覚えてね、と言っているわけですから、逃すわけにはいきません。実際、色々な大学の赤本をやってみると気づくはずですが、細かい意味まで平気で聞いてきます。

覚え方ですが、これも自分に合うやり方を見つけて覚えるのがいいです。私の場合、まず単語帳を何度も何度も読んで暗記しました。当然、複数の意味を持つものや、なぜかいつまで経っても覚えられないものがたくさん出てきます。そんなときは単語カードを作りました。とにかく、繰り返しテストして、英単語を見たらすぐに意味が頭に浮かぶように仕上げることが大切です。まずは、英語↓日本語だけで構いません。

英語は短期間でできるようにはならないと言いましたが、ゼロから英語の勉強を始める場合、単語を覚えることが成長を最速で実感できる方法です。もちろん、複雑な文章はチンプンカンプンです。しかし、今まで知らない単語だらけだったのが、8割くらい知っているという状態になると、安心感がまるで違います。それに、全体として何を言っているのかがわかるようになります。

英語の文章に慣れるには時間がかかりますが、単語を覚えるのは、集中してやればその期間を大幅に短縮することができます。それに、脳はどんどん忘れるので、毎日少しずつという覚え方は適していません。短期間で一気に覚えてしまうのが最善です。一気に覚えて、英語への不安をぶっ飛ばしましょう!!

## ②基礎（文法）

続いて、文法に移ります。英語の基礎は単語と文法が二大柱ですが、文法の本にも大量の新しい単語が出てきます。毎回調べていては効率が悪いです。最初に英単語を覚えるのはこういう理由もあります。

ここで使う教材は、『**安河内の新英語をはじめからていねいに入門編・完成編**』（ナガセ）です。この本は必要最低限の文法がわかりやすく解説されています。学校で買わされるような分厚い文法書はやる必要も時間もありません。この本だけで十分です。もし使うのであれば、辞書として使いましょう。

やり方はシンプルです。最初から順々に読んで理解するだけです。とくに1冊目は超基礎的なことから書かれていますが、全部読んでください。関係詞は理解に時間がかかるかもしれませんが、英語は結局慣れなので、たくさん英文を読んでいくうちに自然と慣れます。関係詞について言えば、前の名詞を後ろで詳しく説明しているだけです。

文法の理解は英文の理解に深く関わるため、何度も読んで理解しましょう。東進の本は見た目こそ厚いですが、いい意味で分量は少ないので、集中してやればあっという間に終わりますよ。

**★お知らせ**…普通はここで読解系の参考書を1冊挟むのですが、有名どころを見てみましたが、どれも説明が長ったらしく、やっていて嫌気がさしてきます。しかも、長文を読みながら英文の構造に慣れるだけで、標準的な英文は十分読めるようになります。ですから、推奨の勉強法から読解系の参考書は除外します。どうしてもやりたいという場合は、**『ポレポレ英文読解プロセス50』**（代々木ライブラリー）をお薦めします。他のものに比べ、非常に薄いです。解説も問題なく、内容も十分です。全部で50題ありますが、集中してやれば1週間もあれば終わります。ただ、英文自体は結構高度です。日本語訳ですら？となる部分もあります。これはもはや日本語の理解力の問題かも……。

また、ある程度長文を読み進めた段階で読解系の本をやってみるという手もあります。むしろ、この方が深い理解ができると思います。いくつか推薦しておくので、好きなものを試してみてくださいね。ただし、伊藤和夫先生の説明は上から目線でねちねちしているため、正直、やっていてかなりストレスです。

・**英文解釈の技術100シリーズ**（桐原書店）
・**英文読解の透視図**（研究社）
・**ビジュアル英文解釈Ⅰ・Ⅱ**（駿台文庫）

**③標準**

既に必要な単語と文法は習得できています。これだけでも見違えるほどの成長です。ここからは、実際に長文を読み、英語の文章に慣れていく作業です。最初は単純な短めの文章から入りましょう。有名どころならなんでも構いません。どれも似たり寄ったりです。いくつか候補を挙げます。どれか一つのシリーズをやってもよいですし、時間があれば全てやるのもアリです。どの本にも複数のレベルが設定されているため、本屋でちょっと読んでみて、あまりに簡単なようであれば、一つ上のものを選ぶとよいです。

・**英語長文レベル別問題集**（ナガセ）

**・英語長文ハイパートレーニング**（桐原書店）
**・やっておきたい英語長文**（河合出版）

はい、正直これだけで英語の勉強の大部分が終わってしまいました。この時点で、標準的な医学部の英語であれば十分解くことができます。英語は実戦力を磨く必要があまりないため、実はあっさり完成する科目です。

ところで、英語が苦手な方は少なくないですが、単に単語を知らない、英文に慣れていないだけという場合が非常に多いと感じます。どれか有名な単語帳を1冊丸暗記し、これらの長文問題集にて数十の英文を何度も読み込めば、英語は絶対に得意になります。言い方が悪いですが、英語圏ではどんな人だって英文をスラスラ読めます。やる気のある皆さんにできないわけがありません。

## ▼▼さらに上を目指す

前の段階で既に英語の勉強はほとんど終わりです。ここからは、もっと英語の力を強化したい方向けの内容です。時間がなければ、やらなくても大丈夫です。

さて、何をやるかというと、まずは単語力を強化する必要があります。文脈から意味を推測できる場合もありますが、それはある種ギャンブルのようなもの。たくさん知っていれば有利に戦えるので、とりあえず標準よりも上の単語を覚えましょう。**『速読英単語上級編』**（Z会）や**『データベース5500』**（桐原書店）がよいです。医療分野に限っていえば、**『リンガメタリカ』**（Z会）がまとまりがいいです。これだけでも実力は向上します。

次に、読解力を上げましょう。これには、**『実は知らない英文誤読の真相88』**（プレイス）がお薦めです。難しい英文がより正確に読めるようになります。

ただ、これは英語に限った話ではありませんが、言語には必ず例外というか変則的な文章が存在します。大半の問題は素直に作られていますが、一部の問題はそうではありません。英文読解の本はたしかによいのですが、頭の中に型ができて視野が狭くなってしまう弊害があります。「あ、これは○○構文だ！　だから、こういう意味に違いない。」と勝手に思い込んでしまい、わけのわからない和訳をしてしまっていないでしょうか？　突然、文脈と関係ない文章が出てくるのは変です。そういう場合、多くが勝手な読み違いをしています。これを防ぐには、正直、読解系の本をやるより、たくさんの英文を読んで、感覚的に慣れるほうが効果的だと感じます。そのほうがより柔軟な解釈の力が身につきます。

以上で英語の読解の勉強は全て終了です。他の科目なら、これから実戦力養成に移るのですが、英語は正直その必要はありません。というのも、問題集と入試問題には大きな差はなく、読解の勉強が終わった時点で既に過去問に十分対応できるだけの力がついているからです。よって、あとは志望校やその他同レベルの赤本を気軽に解いておくだけで十分です。英語は言語なので、より知見を広げるという意味でたくさんの文章を読むことはかなり有効です。
※英語は、長期間読まないと徐々に感覚が失われます。今までに読んだ英文で構わないので、一日数分は音読か黙読を必ずしてください。

## ▼▼共通テスト対策

センター時代は発音、アクセント、文法問題が毎年かなり出題されていましたが、共通テストではそれがなくなりました。全て読解問題ということです。では、勉強しなくていいのか、というと、間違いなく勉強しておくべきです。理由として、対策は1冊で済みますし、その内容もほとんどが知っておいて損のない知識です。読解にも必ず役に立ちますし、2次試験で問われる可能性も十分あります。そこで、お薦めなのが、『**ネクステージ**』(桐原書店)です。昔から定番の問題集です。これ1冊で完結します。

それ以外には、やはり普段の長文読解の勉強が重要です。センターより明らかに読解の分量が増えているため、正確に、そして、ある程度速く読む必要があります。これは一朝一夕には身につきません。毎日コツコツ英文を読み続けるしかないです。さきほど紹介したものに加え、センター試験の過去問も有効です。共通テストの過去問もやります。繰り返しも重要ですが、ある程度量をこなさないと力が伸びません。他には模試、予想問題、試行調査、パックをやってください。

## ▼▼自由英作文はどうする?

多くの医学部で自由英作文が課されます。結論から言ってしまえば、わざわざ勉強する必要はありません。とくに、本書は一から一年で医学部合格を目標としています。時間を有効に使う必要があり、英作文はコスパが非常に悪いです。

そもそも、入試の英語の根幹は英文読解です。これがしっかりできれば、合格者平均は十分取れます。読解こそ尽力すべき部分で、英作文は無視するのが賢明です。といっても、既に十分量の単語も覚えており、たくさんの英文を何度も読んでいます。文法の間違いはあるにせよ、ある程度は書けるはず。これで十分です。ささっと書いて、部分点をもらうようにしましょう。

## ▼▼リスニング

センター試験時代は50点でしたが、共通テストになり、配点が倍の100点になりました。より一層しっかりと勉強する必要があります。とはいっても、本質は全く変わりません。しっかり聴き取れるかどうかだけです。勉強法としては、時間があれば、YouTubeなどで徐々に英語に慣れていくのがより幅広いリスニング能力がついていいです。練習用の音源は腐るほどあるので、好きなものから始めてください。といっても、あくまで試験向けの、少しかしこまったものを選んでください。

しかし、時間がなかったり、手っ取り早く対策をしたい方が大半ですよね。そういう場合は、大手予備校が出している共通テスト用リスニング問題集をたくさん買い、片っ端から聴きまくってください。正直、市場に出回っているものはそれほど多くはありません。重要なのは、英語に慣れることです。あれこれ迷うなら、全部買って聴いてください。お金はかかりますが、それほど時間はかかりません。

ここで一つ注意点があります。リスニングは短期集中が難しい科目です。本番1カ月前から聴きまくっても効果は怪しいです。間違いなく、慣れるまでに3カ月くらいはかかります。半年くらいかけて、毎日少しずつ耳を慣らしていくのがよいでしょう。

それから、リスニング能力は比例的には伸びません。階段のように伸びます。1カ月ずーっと聞いていたら、ふとしたときに聴き取れる部分が増えていることに気づき、また1カ月後にさらに増えていることに気づく、といった具合に成長します。ですから、重要なことは毎日聴き続けることです。気づかないだけで、耳はひっそりと成長しています。リスニングは絶対にできるようになりますし、一度できるようになれば安定して高得点が狙えます。早めに始めて、得点源にしましょう!!

## 【現代文の勉強方法】

現代文はかなり多くの受験生が苦戦する科目です。日本語だから読めばわかるはず、対策はいらない、というのは大きな勘違いです。現代文は入念な準備が不可欠です。

まず、評論は文章自体の難易度が高いです。気軽に読んでサクサク理解できるようなものではありません。集中して何回か読み、選択肢の正誤判断をこれまた神経を尖らせてする必要があります。

小説に関しては、評論よりははるかに読みやすいですが、感覚で解くと大失点の可能性大です。あくまで根拠重視です。

そして、共通テストでは、実用的な文章という、センター試験にはない分野が追加されました。これは、資料や会話文のことです。素早く正確な情報収集能力が求められます。

最後に、現代文は時間との戦いです。医学部受験において、最も時間的に厳しい試験だと言えます。悠長にやっていたのでは、間違いなく時間切れになります。

以上のような性格を現代文は持っています。これだけ聞くと不安になるかもしれませんが、しっかりと準備していけば大丈夫です。

## ▼▼方針

現代文は難しい試験ですが、医学部志望者には現代文に十分な時間を割くことは難しいです。できれば短時間で終えたいところです。

そこで、戦略として、必要なものだけを超入念にやる、という方法を採ります。共通テストになり、問題が変化しましたが、基本的なところは同じです。それは、本文から根拠を見つけることです。とくに、小説などは人によって感じ方は千差万別です。このままでは正解がいくつも存在してしまいます。そこで、現代文の全ての問題は本文中に必ず根拠があります。根拠をもとに、ごく普通の考え方をすれば、これだ、というものが正解になります。よって、素早く根拠を探す能力が変わらず問われることになります。

そこで、現代文の勉強は①文章を読むことに慣れる②素早く根拠を見つけ、正誤判断をする、の二本が主軸となります。問題を通し、これらの能力を磨いていきましょう！

## ▼▼問題演習、共通テスト対策

使うものですが、センター試験の過去問です。古文や漢文と違い、現代文に関しては、模試や予想問題とセンター過去問の選択肢のつくりが違うとよく言われてきました。過去問に比べ、選択肢の判断が簡単であったり、正誤判断の基準が違っていたりしました。そこで、共通テスト対策にもセンター過去問を主に用います。共通テスト過去問もやってください。模試は実力試し、予想問題やパックはあくまで形式に慣れるためだけに使いましょう。

進め方としては、とにかく根拠を探し、確信を持てた上で選択肢を切る練習をしてください。最初は制限時間を完全無視で大丈夫です。自分なりに「ここだ！」と思える部分を見つけ、判断しましょう。消去法は国語の先生によっては賛否両論ですが、私は賛成の立場です。まずは選択肢を読み始める前に自分で正解を予想し、それから選択肢判断に入るとよいです。予想通りのときもあれば、かなり出題者の解釈が入った場合もあります。そんなときこそ消去法の出番です。明らかにおかしいものをばっさり切ります。残ったものの中で自分の予想に近いものを選びましょう。それでも絞れない場合は再び消去法の出番です。

ところで、現代文の特徴として、完全無欠の正解選択肢というのは、実はそれほど多くありません。経験的には、正解であっても、ちょっと迷うようなものがけっこうあります。選択式である以上、選択肢だけで選ぼうとする受験生を惑わすためだと思います。本文の事実と違っていなければ、一番傷が少ない選択肢が正解となります。

現代文は、今までしっかり勉強してきたという人はかなり少数派だと思います。よって、最初は、とくに評論文が難しく感じられるはずですが、ある程度数をこなすことで理解力が上がってきます。不安だと思いますが、自分を信じて勉強を続けてくださいね。

※解説を読んで、意気消沈しないでくださいね。解説は時間無制限でプロが書いています。数十分という短時間で、あれほどの精密な分析と理解が受験生にできるはずがありません。あくまで、自分なりに根拠を探し、納得できることが重要です。時間はかかりますが、コツコツやれた人が勝ちます。

以上で現代文の勉強は終わりです。

## 【古文の勉強方法】

古文は苦手な受験生が多い印象です。現代の日本語とは文法や単語が全然違いますし、主語がこれでもかと省略されまくるため、文章の流れが掴みづらいというのは事実です。ただ、これも単なる慣れの問題ですから、対策すれば全然問題はありません。現代文と違い、文章の深い理解など求められません。表面的な理解で十分高得点が可能です。古文は共通テストだけという医学部受験生が大半ですから、さらっとこなしてしまいましょう！

▼▼方針

古文は昔の日本語ですが、現代のものとは全く違います。中学校の教科書に出てくるような簡単な古文と違い、大学受験で出題される古文はそこそこ難しいです。知識なしではさっぱりわかりません。

そこで、まずは読解の基礎となる知識をつける作業から始めます。単語↓文法の順番にやります。これが終わり次第、問題演習に進みます。単語や文法は大切ですが、これを極めても読めるようにはなりません。8割くらい習得したら、すぐに問題演習に入り、実戦を通して体で学んでいくのが最速です。

**①基礎（単語）**

古文の土台となるのは単語と文法ですが、文法を学ぶ際にある程度の単語の知識が必要になってきます。効率よく学習を進めるために、まずは単語を覚えましょう。お薦めの本は、『**読んで見て覚える重要古文単語315**』（桐原書店）です。英単語は全部で数千語覚える必要がありますが、それに比べて古文はたったの数百ですから楽勝です。ただ、最初から全部覚えるのは無理なので、まずは赤字や黒太字の意味から覚えましょう。記憶や理解の手助けとなるため、解説やコラムも全て読んでください。最終的には細字の意味や関連語など、載っている単語は全て覚える必要があります。

※単語の意味はあくまで一例にすぎません。こういうような意味だと説明しているだけです。ですから、単語帳に載っていない意味だから即×とはならないことがあります。出題者は受験生の柔軟性を試してきます。意味が近い、文脈からそうとも解釈できるようであれば、それは正解になりえます。

単語を覚えたら、この本の最後のほうにある慣用句や古文常識にも目を通し、同様に暗記してください。

古文単語の暗記は日本語↓日本語です。英単語と違い、ごちゃごちゃになりやすいです。古文単語を見た瞬間に全ての意味が頭に浮かぶまでやり込む必要があります。必要に応じて、単語カードなどをジャンジャン作って覚えまくりましょう。

**②基礎（文法）**

次は文法です。文法は現代とはかなり違います。文法をしっかり理解していないと、とんでもない読み違えを起こしかねません。

使う本は、**『富井の古典文法をはじめからていねいに』**（ナガセ）です。間違っても学校で買わされる文法の本は使わないでください。超絶わかりにくいうえに、必要ない情報がたくさん載っています。あくまで、先生の説明あってのものです。独学には全く向いていません。

富井先生の本は非常にわかりやすく書かれています。超基礎から始まり、十分量の知識が得られます。例によって東進の本なので、見た目の厚さにおびえる必要はありません。最初から順番に説明を読み、理解し記憶してください。1回目、2回目は理解することに重点を置きます。覚える必要はなく、スピード感を保って一気に読んでしまうことが重要です。3回目くらいから本格的な記憶を始めるとよいでしょう。

※この本にある助動詞や助詞の意味判定法はあくまで補助的なものです。富井先生も仰っていますが、言語である以上、確実なルールは存在しません。常に文脈重視の姿勢でいきましょう。たく

さんの文章を読むことにより、感覚でだいたいわかるようになってきます。

ここまでで土台作りは完了です。おそらく、記憶はしたけど実感がない状態だと思われます。今からは問題を解くことを通じて、今までの知識を使える知識に変えていきます。

## ▼▼問題演習、共通テスト対策

今からはガンガンに問題を解いていきます。共通テストが始まり、過去問も少ないため不安だと思います。でも大丈夫です。古文は結局のところ、文章の意味がわかり、全体としてどういう流れなのかが把握できれば絶対に正解を選べます。しかも、全体の7～8割程度が理解できれば十分です。

使うものですが、主に**センター試験と共通テスト過去問**がよいです。試行調査や予想問題集も重要ですが、高得点を取るための根幹は読解力です。読解力があれば、多少形式が変わろうと、安定して得点できます。その読解力を磨くのに、センター試験の過去問は非常に優秀です。変に難しい問題や奇問がないため、練習にもってこいです。掲載分全てやります。センター試験時代の過去問集を買ったほうがまとまりがいいです。心構えとして

・できるだけ自力で考える

・全部を理解する必要はないし、無理

・いちいち品詞分解してはいけない
・意味を考えるのはわからないときだけ

　これらの点を守ってください。まず、自力で考える、粘るというのを基本にしてください。わからなかったらすぐに解説を見るという勉強は本当にダメです。あれこれ必死に考える過程に貴重な発見がたくさんあります。時間感覚であったり、選択肢と本文を両方使って理解を深めるなど。

　次に、ある程度の諦めが大切です。どれだけ勉強しようと、絶対に知らない単語や意味が理解できない文章が出てきます。これらは脚注で解決できる場合もありますが、そうでないこともしばしば。これが何を示すかというと、やるべきことをやったのに理解できないというのは、皆さんが悪いのではなく、その部分が問題を解くのにそれほど重要ではないということです。それに、選択式のテストである以上、選択肢自体も大きなヒントになります。選択肢が解釈の手助けをしてくれたり、消去法によって（文章は理解できていなくても）正答が選べることがよくあります。完璧主義は捨てましょう。

　ところで、品詞分解について。学校や予備校では品詞分解をさせられます。ただ、この作業はめちゃくちゃに時間がかかります。しかも効果は微妙です。完璧主義の人ほど完全な理解にこだわりますが、こんなことをやっていたのでは、全く時間が足りません。

そして、言語である以上、ある程度は感覚で読みましょう。なんといっても古文も日本語です。読んだ瞬間に、考えるまでもなく感覚的に理解できる文章も少なくありません。そういう部分をいちいち和訳する必要は全くありません。品詞分解したり、単語や文法的な意味を考える必要があるのは、わからなかったときだけです。基本は自分の感覚を頼りに小説のように読み進め、「あれ?」と思った場所だけ精読するようにします。

こういった具合に、どんどん問題を解いていきます。選択式である以上、その特性も大いに活用しましょう。そして、わからない部分には線を引きながら文章を読んでいき、終わり次第すぐに解説を読み、自分の理解が正しかったのかを確認します。この確認作業は、しっかりやると想像以上に大変で時間がかかります。しかし、解き終わった直後は内容を鮮明に覚えているため、やり直しに最高の状態です。疲れたからといって、ここで休憩してしまうのは本当にもったいない。それに、時間が経ってからやる気を起こすのは大変です。**解く＋確認**で1セットにしましょう。

医学部の場合、数学や理科がメインですから、週何回などと決め、集中的に取り組むようにしてください。そして、1つのセットが身になった後は、古文を読む感覚を維持するために定期的に文章を読み直せばバッチリです。

これで問題演習は終わりです。というか、古文の勉強が終わりです。あとは模試や予備校のパックなどで本番の練習をするだけです。

## 【漢文の勉強方法】

漢文は全科目中、最短で対策が完了します。しかも、古文よりももっと単純で、対策も容易であるため、確実に武器にできます。

ただし、余裕こいて本番直前に勉強を始めるなどということがないように注意してください。直前期は心に余裕がなくなります。短期集中でやるのであれば、かなり早い時期に完成させ、あとは維持というのがベストです。

### ▼▼方針

漢文は古文に比べ、文章量が少ないです。故に、内容も単純であることがほとんどです。基本的な句形や重要語句を覚え、返り点に従って読む訓練をすれば、すぐに内容が（ある程度）理解できるようになります。よって、まずは参考書を用い、必要な知識を学習します。終わり次第、問題演習に移ります。古文でも言いましたが、この問題演習の過程が全てです。ここで、学んだ知識を使える知識に変え、どのように得点するかを習得します。

### ①基礎

漢文の基礎は、返り点、再読文字、句形、重要語句から成っています。まずは読む順番のルールを学びます。試験には有名な句形や語句が頻出するため、これを覚えることで意味が素早くつかめるようになります。この段階で使う教材は、**『文脈で学ぶ漢文句形とキーワード』**（Z会）です。他には、**『漢文早覚え速答法』**（学研プラス）、**『漢文ヤマのヤマ』**（学研プラス）、**『漢文ゴロゴ』**（スタディカンパニー）などが有名どころで、漢文をささっと終わらせたい医学部志望者向けです。が、『句形とキーワード』だけがかなり細かいところまで載っており、万全を期すにはこの本がベストです。

やり方は単純で、最初のページから順番通りに読んでいき、必要な部分を覚えるだけです。ただ、『句形とキーワード』はコンパクトさに反し、かなりの情報量です。従って、まずは大文字や太文字部分を暗記し、徐々に隅まで覚えていくというのがよいです。あいまいな暗記では逆に弊害になるため、単語カードを作るなりして徹底的に暗記しましょう。この本が終わったらインプット完了です。

### ▼▼問題演習、共通テスト対策

ここからは問題演習です。古文と同じく、**センター試験と共通テスト過去問**をメインに使います。根本的な読解力を磨くことで、応用も利きます。過去問集は最新のものでもいいですが、できるだけ多くの問題に触れるためにも、旧センター試験時代のものも使うとよいでしょう。

やり方は古文と全く同じです。まずは自力が基本です。脚注は古文よりも重要です。本文は短いため、まず一通り読んでから問題に移ります。省略や特有の言い回しがあるため、ところどころ理解できないのが普通です。問題はいたってシンプルなので、数回分もやればすぐに慣れるはずです。書き下し文と解釈問題のコツは、重要句形に注意し素直に和訳することです。日本語として意味不明な場合、正解のはずがありません。

解き終わり次第、解説を熟読し、自分の解釈が正しかったか確認しましょう。漢文は非常に短く、省略がよく起こります。ある程度柔軟な想像力が必要で、問題演習で養われます。最初はビビると思いますが、安心してください。あとは知らなかった表現などを覚えればＯＫです。それほど時間はかからないため、掲載分は全てやりましょう。最後に予想問題や各予備校のパックをやれば完璧です。

## 【社会の勉強方法】

社会は完全な暗記科目です。言ってしまえば、覚えれば取れます。世界史、日本史、地理、倫理、政治・経済、現代社会、倫理＋政治・経済から選択できます。ただ、倫理や政経、現社は他の科目に比べ負担がかなり少ないため、医学部によってはこの科目では受験することができません。もちろん受験可能なところもありますが、急な受験校の変更などに対応できない危険性があります。

さて、どの科目を選択すべきでしょうか？　まず、すでに特定の科目をある程度勉強している方は、わざわざ他の科目に変える必要はありません。

では、全く勉強していない場合はどうでしょう？　この場合、圧倒的なおすすめは**倫理＋政治・経済**です。理由を順々に説明します。

まず、世界史と日本史は覚えれば確実に安定して高得点が取れる反面、覚える量が膨大で、かなりの時間を奪われることになります。

次に地理ですが、勉強量だけで言えば少ないです。ただ、安直な暗記以外に、思考問題も出されます。地理選択者に聞いてみましたが、8割以上を取るのは結構大変そうです。

倫理、政経、現社に関しては右記のように、受験できる医学部が制限されます。これらに比べ、倫政は①勉強量が少ない②暗記だけで十分③常識で解ける、その場で考えれば解ける問題がけっこうある④受験校制限の心配がない、というメリット満載の科目です。まだ勉強していない、とくにやりたい科目もない、勉強はしているが点数が伸び悩んでいる、といった方はぜひ倫政を選択することをお勧めします。しっかり勉強すれば、9割以上は当たり前、運がよければ満点すら狙えます。

### ▼▼方針

倫政は常識で解ける、その場で考えれば解ける問題が毎回あります。残りは知っていれば解ける暗記型の問題です。まずは参考書を何度も読み、全体像をつかみます。次に、詳細な本格暗記を開始します。最後に、問題演習を行い、知識の定着を図ります。共通テスト本番3日前くらいから猛スピードで総復習をして記憶を鮮明にしたら完了です。

**①基礎**

ゼロからの場合、必要な知識を暗記することから始めます。ここで使う本は、『**大学入学共通テスト倫理の点数が面白いほどとれる本**』と『**大学入学共通テスト政治・経済の点数が面白いほどとれる本**』(KADOKAWA)の2冊です。教科書は表現が硬いし、わかりにくいです。その点、これらの本はわかりやすい解説で、点数を取ることに重点が置かれています。

※実は、この2冊を一つにまとめた『大学入学共通テスト倫理、政治・経済の点数が面白いほどとれる本』が存在します。が、この本を使うのはやめましょう。理由は単に情報量が足らないからです。本番では細かい知識も普通に聞かれます。9割以上を狙いたいですから、多少大変でも、2冊に分けて勉強しましょう。

勉強方法ですが、まずは全体を知ることが大切です。世界史や日本史に比べ勉強量はかなり少なくて済むものの、それでもけっこうあります。全体を俯瞰し、何をどれくらい覚えればよいのかを知る必要があります。2～3回ほどざっと読んでください。この際、記憶する必要は全くありません。毎日少しずつでもよいのですが、硬い本ではないので、日にちを決めて一気に読み切る方が効率的です。

これが終わったら、本格的な暗記に入ります。ここからは気合いを入れてガンガン覚えていく必要があります。ここであいまいに記憶してしまうと、本番で悩むことになるので注意してください。

まずは再度本を読み、重要と思う部分にマーカーを引くなどします。記憶は大きく分けて、①読んだだけで自然に覚えてしまう部分②意識することで覚えられる部分③何回やっても覚えられない部分の3種類に分類できると思います。まずはこれらを分類しましょう。読み進めつつ、ここは①、ここは③、といった具合にマーカー等で分類します。全体を分類できたら、以降は②と③に焦点を当てて繰り返し読み直します。③に関しては、もはや読むだけでは記憶不可能なので、カードを作って集中的に覚えてください。とくに、倫理は人物ごとに重要キーワードがあります。覚える事項が多い人物はカードにまとめてしまったほうがよい気がします。

方法はどうであれ、自分に合ったやり方で完全暗記してください。ページの隅に書いてある細かな事項も意外と出題されます。最終的には、どのページのどの部分を聞かれても大丈夫なくらいに仕上げる必要があります。

ここまでで倫政の勉強はだいたい半分終わりです。もうこの時点で8割前後くらいの得点は可能な知識はついています。

### ▼▼問題演習、共通テスト対策

前の段階で既に相当量の知識が入っていますが、それが実際にどのような形で聞かれるのかを学ぶ必要があります。また、なんとなく覚えただけの部分もけっこうあるはずです。問題演習を繰り返すことで、このようなもろい記憶が強固なものへと変わります。

ここで使うものは、**センター試験と共通テストの過去問**です。毎度おなじみですね。共通テストになり、形式こそ変更されましたが、基本は同じです。参考書の内容をしっかり覚え、問題演習を繰り返せばバッチリです。実際にやってみると気づきますが、毎年同じような問題が出題されています。

ただし、社会に関しては、過去問を全てやる必要はありません。昔と今では社会情勢が変わっています。よって、一番新しいものから10回分くらいに留め、その代わりに模試や予想問題、パックなどをやるようにしてください。全部で25回分くらいの問題演習ができれば完璧です。

この際、面倒ですが、全ての選択肢を吟味するようにしてください。単なる数字などは無視していいですが、正解の文章以外にも、間違った文章を研究することは理解を深めてくれます。解説を読み、どこがどう間違っているかもチェックしておきましょう。この作業は意外に時間がかかってしまうため、早いうちから手を付けることを勧めます。

そして、最後に非常に重要な過程があります。それは、本番3日前くらいから参考書2冊全てを隅から隅まで爆速で読み直すことです。これをするかしないかで全然変わってきます。もう何度も何度も読んだ本ですから、あっという間に読めるはずです。文字通り、全部読み切ってください。こうすることで、記憶が非常に鮮明になり、思い出せすぎて、試験の最中に思わずニヤけてしまうことでしょう。

これで倫政の勉強は全て終わりです。高得点確実です。

# 第4章
# 医学部の実態

最後に、私が医学部に入学して約2年過ごした中で、感じたことや気づいたこと、過ごし方のコツなどを書いて、この本を終わろうと思います。私が在籍している大学の場合になってしまいますが、ご容赦ください。

## ①有名高校、有名大学出身が非常に多い

これは予想以上でした。全員に聞いたわけではありませんが、体感的には8～9割くらいがそうです。再受験生の場合、大学中退や大卒が多いですが、東京大学、東大院、慶應大学、大阪大学、名古屋大学など、有名大学出身者が多いです。

## ②親が医者の割合が多い

ゴロゴロいてびっくりしました。ある授業では、同級生のお父さんが先生として授業に来たこともありました。地元には有名な私立高校があり、そこから大量の生徒が三重大学の医学部を受験し

ます。面接官が知り合いのお父さんだった、なんてことも普通にあるようです。いったい、どういう面接が展開されるのか気になるところです。

## ③大半がアルバイトをしている

かなりの割合の学生がアルバイトをしています。種類としては、やはり経験を生かした家庭教師や塾講師が多いですが、全然関係のないコンビニや飲食店で働いている人もいます。女子の生徒はたいてい女子学生を先生として希望するため、家庭教師は女子のほうが求人が多いです。

時給に関して気になるかもしれませんが、実際そこまでよくはないです。仲のよい友達は大手予備校で時給１０００円未満で働いています。平均的な相場としては、１５００～２５００円くらいをよく聞きます。稀に５０００円など聞きますが、これはコネがあるなど非常に特殊な例です。受験業界は時給が高めですが、連続して長時間働けないなどの欠点があります。授業や勉強、部活などもあるため、アルバイトで十分な額を稼ぐのは難しいのが現実です。

## ④真面目な女子が多いが、男はそうでもない

女子はいい意味で真面目な人が多いです。授業態度もいいし、普段からコツコツ勉強している人が多いように感じます。生物選択者が多いため、間違いなく女子の方が成績がいいです。

一方、男は不真面目な学生もけっこういます。平気で遅刻してくるし、授業も全く聞いていないです。大学の講義は全て自由席です。前の方に座るのは真剣な人か、目がすごく悪い人です。当然、後ろの席は不真面目学生のたまり場です。先生もうるさくしない限りは注意しないため、後ろの人たちはスマホやよそ事に勤しんでいます。ニンテンドースイッチでスマブラ大会が開かれていたこともありました笑

残りは平均的な大学生といった感じです。普段の授業はある程度聞き、試験前に一気に勉強して合格していくような感じです。

## ⑤生物選択は圧倒的アドバンテージ

これは断言できます。受験では物理の方が費用対効果が高く、得点しやすいですが、一度受かってしまえば、物理選択のメリットはほぼありません。微妙に物理の知識を使った授業がありましたが、それ以外は皆無です。三重大学の医学部は、珍しく数学や物理の授業が一つもありません。つまり、物理の知識を使う機会は無いと言えます。

一方、生物を勉強したことがあると、理解がスイスイ進みます。とくに低学年のうちは専門科目で生物の発展のようなことをやるため、理解度が全く違うようです。実際、物理選択が講義の理解に苦しむ中、生物選択はレジュメを読んだだけでだいたい理解できていました。

## ⑥大半が部活やサークルに入っている

私のいる大学は部活が盛んです。医学部専用の部活があり、かなりの人が何らかの部活やサークルに入っています。練習のキツさや上下関係の厳しさは部活によってまちまちです。新歓時期には他部活のネガキャン（悪い情報を流すこと）は御法度となっているため、上手に内部情報を収集する必要があります。

そして、部活には大きなメリットがいくつかあります。まず、それ自体楽しいですし、先輩方と仲良くなることができます。これは部活をやらない限りほぼ機会がありません。

また、豊富な過去問や授業の情報が入ってきます。学年ラインがあるため、ある程度は共有されますが、やはり部活に入っていないと手に入らない過去問や解答もけっこう存在します。めんどくさいと思う場合、軽めの部活に入ったり、友達から横流ししてもらうとよいでしょう。

## ⑦お金はなんとかなる

さきほど、医者の子供が多いと書きました。そうでなくとも、裕福な家庭の子供が多いです。予備校など教育にお金をかけてもらった人が合格しやすいですから、ある意味自然なことですね。そういうわけで、お金に苦労していない学生が多いです。アルバイトに関しても、生活のためではなく、娯楽の費用としてやっている感じです。

ただ、そうでない学生も少なくありません。この場合、気になるのはお金のことだと思います。

合格できても、生活が立ち行かないのでは困りますよね。

結論から言うと、なんとかなります。もちろん、裕福な家庭のような満足いく生活は難しいですが、ある程度の生活をしながら卒業することは十分可能です。

まず、国立大学の場合、授業料免除の制度があります。これは親の収入や成績によって、全額免除か半額かが決まります。ただ、国立の場合は基準がかなり緩く、普通にやっていれば全額免除です。

※公立大学は場所にもよりますが、国立よりもかなり免除の基準が厳しいです。

※修学支援新制度がスタートしました。既に入学している場合は経過措置のおかげで問題ありませんが、今後入学予定の三浪以上、もしくは再受験生などは授業料免除が受けられない可能性が出てきました。非常に残念です。

そして、国立の場合、寮があります。多少古かったりしますが、電気ガス水道使い放題で家賃込み1万5000円程度です。

最後に、医学部向けに数多くの奨学金が存在します。卒業後数年間を特定地域で働くことが条件ですが、十分なお金をもらえます。ただ、これはよく考えて決める必要がありますが。

## ⑧車の所有率は高め

車の所有率は都会か地方かで大きく変わりますが、三重大学の車の所有率は高めです。買い物だけなら大した問題ではありませんが、やはり持っているといないでは利便性がかなり違ってしまいます。電車とバスだけで遠方に行くのはなかなか大変です。

## ⑨恋人は自動的にはできない

当たり前かもしれませんね。ただ、冗談なしに本当です。魅力的な人はモテるし、そうでない人は自分から行動しない限り、何も起きません。

そして、学内で探すとなるといろいろ問題があります。まず、他学部とは一年生の教養授業以外に接点が全くありません。これで一気に範囲が狭まります。それから、医学部は6年間あります。ずっと一緒です。村みたいにいい噂も悪い噂もあっという間に広がります。最後までうまくいけば万歳ですが、途中で別れると気まずいことになります。気軽に付き合ってすぐに別れ、既に居心地の悪い思いをしている知り合いもいるので、注意してくださいね。

## ⑩結婚や妊娠、出産をする学生がいる

これは再受験生に多いです。学生結婚をするという場合です。また、女性の場合、いつ子供を産むかというのがかなり大きな問題のようです。というのも、研修医として働き始めれば忙しいですし、何よりまだ修行中の身です。医師不足、重労働の病院が多い中、いくら妊娠が理由といえども、休みますとはなかなか言いにくいのが現状です。そこで、在学中に子供を産む学生がいます。時期や体調によってはストレートで進級もできますが、運が悪いと出席が足りずに留年の危険もあります。実際、三重大学にはどちらの場合の方もいました。

## ⑪医学部はひま

これは大学によって変わると思いますが、三重大学の医学部は基本的にひまです。一番意外でした。偶数学年は忙しいと聞いていましたが、実際は全くそんなことはありません。高校のときのほうが確実に忙しかったです。

もちろん、勉強や部活、アルバイトをどの程度やるかで全く違いますし、試験前はかなり忙しいですが、時間を作ろうと思えば、相当な時間を作れます。世間で噂されるように勉強漬けなんてことは全くありません。そもそも、授業を全部真剣に聞いている人は多くありませんし、授業以外に毎日コツコツ勉強している人は少数派です。多くが、とくに低学年は授業以外では全く勉強していません。安心してくださいね。参考までに、どれくらいの時間があったかを載せておきます。

| ①一年前期 | 月 | 火 | 水 | 木 | 金 |
|---|---|---|---|---|---|
| 1(8:50~10:20) | セル | 中国語 | 英基礎 | 中国語 | 多様性の生物 |
| 2(10:30~12:00) | セル | 法学 | 英コミュ | MIEU | 哲学 |
| 3(13:00~14:30) | 医学医療入門 | スタセミ | | 憲法 | 医学英語 |
| 4(14:40~16:10) | 情報科学基礎 | | 医療と社会 | 体育 | |
| 5(16:20~17:50) | | | 医療と社会 | 入門生物学 | |
| | | | | | |
| ②一年前期 | 月 | 火 | 水 | 木 | 金 |
| 1(8:50~10:20) | | 中国語 | 英基礎 | 中国語 | |
| 2(10:30~12:00) | | | 英コミュ | | |
| 3(13:00~14:30) | | スタセミ | | | 医学英語 |
| 4(14:40~16:10) | | | | 体育 | |
| 5(16:20~17:50) | | | | | |
| | | | | | |
| ③一年後期 | 月 | 火 | 水 | 木 | 金 |
| 1(8:50~10:20) | セル | 中国語 | 英基礎 | 中国語 | |
| 2(10:30~12:00) | セル | | 英コミュ | 教養ワーク | |
| 3(13:00~14:30) | | | 医学英語 | | |
| 4(14:40~16:10) | | | | 体育 | |
| 5(16:20~17:50) | | | | 国際保健 | |
| | | | | | |
| ④二年前期 | 月 | 火 | 水 | 木 | 金 |
| 1(8:50~10:20) | 免疫学 | | | | |
| 2(10:30~12:00) | 免疫学 | | | | 医学英語 |
| 3(13:00~14:30) | | 生化学 | | 組織学 | 微生物 |
| 4(14:40~16:10) | | 生化学 | | | 微生物 |
| 5(16:20~17:50) | | | | | |

説明をします。まず、一年前期（表①）ですが、一見授業がかなり詰まっているように見えますよね。ただ、実際は最初の数回で授業がなくなったり、出席を取らない授業、講義を聴かなくても教科書や過去問だけで試験が十分突破できる授業などがあります。よって、こういった授業を代筆などを利用して全部切ると表②のようにすっからかんになります。夏休みは8月と9月の約50日間です。

一年後期（表③）に関しては、もとからスカスカです。どこの大学も一般教養という授業があり、必ず一定数の授業単位を取らないといけません。たいていの学生は前期で全て取り切ってしまうため、後期は本当にひまになります。セルは代ピ（出席登録の機械にカードを代わりにタッチしてもらうこと）が横行しており、試験も教科書を自習しておけば済むため、実質週休4日です。春休みは2月と3月の2カ月弱です。

次は二年生編です。まず前期（表④）ですが、授業は少ないです。また、授業によっては先生の説明がかなりわかりにくい……。全ての試験が過去問対策で十分なため、しっかり授業を聴いている学生は多くないです。今年はオンライン授業でしたが、例年は代筆、代ピが多いそうです。夏休みは7月下旬から約40日間です。

後期に関しては週ごとに時間割がかなり変動したため、表はありません。ただ、忙しくはなかったです。過去問で全て対応可能なので、授業より自習派が多い気がします。ちなみに、11月、12月はほぼ授業がありませんでした。実習が数回あり、これはなかなか大変でしたが、それ以外は完全に休みです。ただ、病理学というかなり重たい科目の試験が12月半ばにあるため、その勉強を入念に行いました。春休みは3月の上旬から約1カ月間です。

こんな感じです。三年生以降に関してですが、さすがに四年時のCBT（全医学部で行われる進級に関わる一大テスト。これに合格しないと五年生に進級できない）や卒業試験（毎週いくつか試験があり、それが約2カ月間続く）、国家試験の勉強はかなり忙しいですが、それ以外はひまです。大学の教室で受ける授業も四年生で終わります。あとは全て病院実習と国家試験に向けた自習です（医学部は卒業論文はない）。六年生など、実習が前期で終わった後は本当に何もなくなってしまいます。あとは計画的に卒業試験と国家試験の勉強を自分でやるだけです。

医学部を目指している方の多くが、大学では勉強も私生活もどちらも充実させたいと思っているかと思います。大丈夫です!!　時間は本当にたっぷりあります。ただ、ボーッとしているとあっという間に時間が過ぎていきます。就職したらこんな生活はおしまいです。学生時代が最後の猶予期間ですよ。

私は正直、時間の使い方を間違えました。別に、勉強ばかりやる必要もないし、かといって遊びまくるのもどうかと思います。ただ、学校に振り回されて、自分の大切な時間を無駄にしてしまうことだけは避けてください。医学部を目指している方はこうならないように、合格後は時間を有意義に使ってほしいです。

## ★解説動画とブログ

私は一年間の独学で医学部に合格しました。しかし、実際は全然順調ではなく、試行錯誤の連続でした。とくに、理系科目の問題集の解説の簡素さに悩まされました。独学の場合、自力で理解するしかありませんが、とくに数学は解説がかなり省略されており、行間を読む力が必要とされます。肝心な、なぜそのような考え方をするのか、どのように計算するのかが載っていません。載っているのは重要なことと必要部分のみです。紙面は限られていますから、仕方のないことです。

そこで、問題集の解説動画を作ることにしました。扱うものは主に理系科目で、全てこの本に載っている市販のものです。私の解説動画は文字通り一から十まで解説しています。①なぜそのように考えるのか②詳細な過程、の二点に重点を置き、全くの初学者にも無理なく理解できるように作っています。独学の大きな欠点であるこの問題を解消し、勉強をストレスなく効率的に進めてもらいたいです。

また、ブログもやっています。主に勉強に関することですが、本には書き切れなかったことや大学生活、小ネタなども載せています。勉強のお役に立てたら幸いです。

解説動画やその他医学部受験に関する質問などはこちらのメールアドレスにご連絡ください。些細なことでもご遠慮なくどうぞ！

・アドレス：cayennepepperschool@gmail.com
・ブログ：https://ameblo.jp/cayennepepperschool/

## あとがき

今回、幸運にもこのような場を与えていただき、本を執筆させていただきました。この場をお借りして、エール出版社様には厚く御礼申し上げます。

初めての執筆で拙い文章ではありますが、自分が再受験生活を通して学んだことを詰め込みました。特に、勉強方法は詳しく書いたつもりです。どのような位置からのスタートであれ、最終的には十分な実力がつくところまで盛り込みました。皆さんが勉強をする中で、少しでもお役に立てたら、この上ない喜びです。

早いもので、医学部に入学してから約2年が経ちました。中学、高校のときの時間の経過に比べ、本当にあっという間だと感じています。6年間もあると思っていましたが、6年間しかないというのが今の体感です。

近年、医学部受験がますます過熱しています。景気はよくなる気配がありませんし、コロナウイルスによって社会は混迷の渦中にあります。そんな中でも、医者という職業は逆に需要が高まっています。この先、何が起ころうと、生活には困らないでしょう。そういう理由もあって、医学部受験は年々激戦化しています。

しかし、だからといって諦めてしまうのは本当にもったいないことです。何度も言いますが、現在の学力など全く関係ありません。他人より余分にやればいいだけです。今、クソみたいな状況におり、もがいている人こそ、そのエネルギーをぶつけてほしいです。理由なんてなんでもいいと思います。崇高な理由だって、低俗な理由だって構いません。行きたいなら行きましょうよ。

合格のためにやるべきことは決まっています。辿るべき道もはっきりしています。勇気を出して始められるかどうかだけです。その最初の一歩を踏み出すかどうかはあなた次第です。

◎著者略歴

かいえん

地方公立高校を卒業後、数年間をアルバイトなどしながら実家で自堕落に過ごす。紆余曲折あって医学部再受験を決意し、約一年間の受験勉強を経て、三重大学医学部医学科に合格。意外と熱いところあり。映画と散歩と犬が大好き。

**イチからはじめる医学部合格の勉強法**

2021年3月20日　初版第1刷発行

著　者　かいえん
編集人　清水智則
発行所　エール出版社
〒101-0052　東京都千代田区神田小川町2-12
信愛ビル4F
e-mail：info@yell-books.com
電話　03(3291)0306
FAX　03(3291)0310
振替　00140－6－33914


ISBN978-4-7539-3500-0

乱丁本・落丁本はおとりかえいたします。
*定価はカバーに表示してあります。